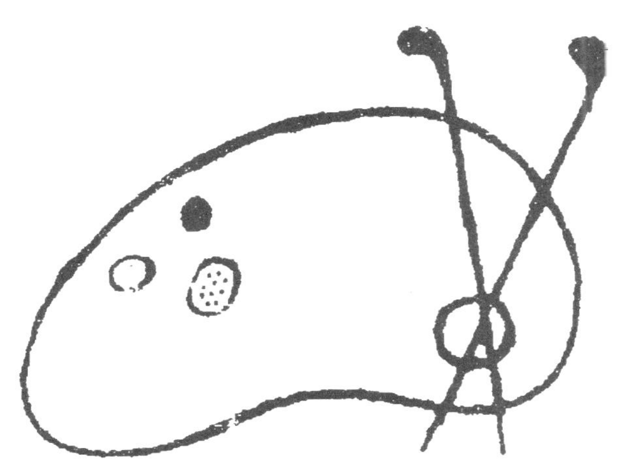

Début d'une série de documents
en couleur

Couverture inférieure manquante

L'INDUSTRIE

EN FRANCE

SOUS HENRI IV

(1589-1610)

PAR

G. FAGNIEZ.

Extrait de la *Revue historique*

(*Les tirages à part ne peuvent être mis en vente.*)

PARIS

1883

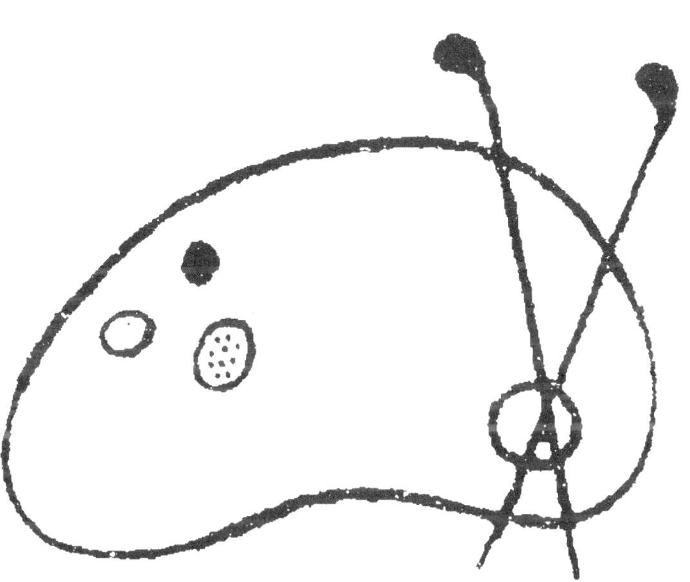

Fin d'une série de documents
en couleur

L'INDUSTRIE

EN FRANCE

SOUS HENRI IV

(1589–1610)

PAR

G. FAGNIEZ.

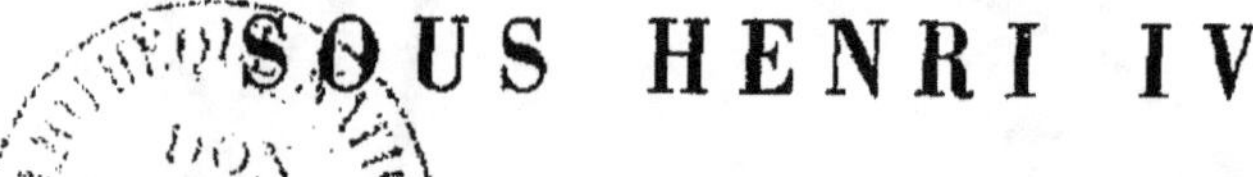

Extrait de la *Revue historique*

(*Les tirages à part ne peuvent être mis en vente.*)

PARIS

1883

L'INDUSTRIE EN FRANCE

SOUS HENRI IV [1]

(1589-1610).

En recevant des acclamations d'une grande partie de la noblesse française le titre de roi, Henri IV trouvait le pays dans une désorganisation complète, et sept ans devaient s'écouler avant qu'ayant transformé ce titre en une réalité, devenu de « roi des braves, » comme l'appelait Givry [2], le roi du pays tout entier, il put accorder son attention à la situation matérielle du royaume. Nous ferons connaître tout à l'heure ses vues et ses efforts pour ranimer et développer l'industrie, essayons d'abord de montrer ce que les guerres religieuses en avaient fait.

Les dissensions civiles l'avaient atteinte moins directement que l'agriculture, mais elle n'avait guère moins souffert. Si les villes offraient une proie moins facile que les villages à la licence du soldat, elles tentaient davantage sa cupidité. Mieux protégées contre le pillage, elles n'échappaient pas aux réquisitions, aux contributions de guerre exigées par les deux partis, catholiques et protestants, royaux et ligueurs. Les communications entre elles étaient si peu sûres, la circulation des marchandises était frappée de taxes si onéreuses et si arbitraires que l'industrie ne pouvait compter sur le marché extérieur et que, retombant dans l'état où elle se trouvait au moyen âge, elle était réduite à se renfermer dans l'enceinte des villes. Les capitaux abandonnèrent l'industrie et le commerce pour se porter dans les fermes, dans les charges. Parmi les artisans, les uns s'enrôlèrent au service du premier chef de partisans venu, les autres émigrèrent [3], d'autres grossirent cette population de mendiants ali-

---

1. Fragment d'un ouvrage sur l'économie sociale de la France sous Henri IV.
2. Poirson, *Hist. de Henri IV*, 2ᵉ édit., 1862, I, 24.
3. Laffemas, *Reiglement general pour dresser les manufactures en ce royaume*, p. 20.

mentée par les réfugiés des campagnes et qui fut l'un des plus graves sujets de préoccupation de l'autorité publique. La peste, la famine venaient périodiquement décimer ces agglomérations oisives et misérables[1]. La classe industrielle, dont le fanatisme et l'esprit démocratique avaient dans les confréries des foyers toujours actifs, n'eut pas de peine à quitter ses ateliers où le travail languissait, pour prendre part aux processions, aux manifestations politiques, au service de la milice, à cette vie d'agitation stérile qui eut toujours tant d'attrait pour la population ouvrière. Les guerres civiles avaient altéré la déférence que les patrons étaient habitués jusque-là à trouver chez leurs ouvriers[2].

1. Sans entreprendre de justifier par des faits particuliers cet aperçu de la détresse des villes, citons quelques exemples qui en préciseront et en animeront les traits généraux : Bourg en Bresse avait été pris et saccagé (Arrêt du conseil d'État, 10 février 1603. Bibl. nat. fr. 18166), Aynay-le-Château avait été pillé et saccagé trois fois, la Flèche quatre, la Ferté-Milon avait été assiégée à plusieurs reprises et entièrement saccagée, Dreux avait été mis à sac (Reg. du conseil d'État de 1594. Bibl. nat. fr. 18159, fol. 19 v°, 358 v°, 466 v°, 477 v°). Un arrêt de la même année parle des pertes subies par Châteaudun à la suite du passage des armées, de la prise et de la reprise de la ville (fol. 60), un autre des pertes et misères souffertes par les habitants de Vendôme lorsque leur ville fut prise (fol. 67), un troisième remet à Joigny ses tailles arriérées à cause des grandes pertes et ruines souffertes durant les troubles (fol. 92) ; il *est question dans le même registre de la « notoire pauvreté » des habitants de* Brinon-Larcheveque « advenue à l'occasion des troubles, passages et séjour des gens de guerre » (fol. 160), des « pertes, ruynes et ravages soufferts par les habitants de Malay-Vicomte, tant au passage, séjour des gens de guerre que à la prinse et reprinse de lad. ville faicte à trois diverses foys » (fol. 458 v°). Un arrêt de 1599 nous apprend que Noyon avait été pris deux fois, que les deux tiers de ses maisons avaient été brûlées, que la ville avait été décimée par une épidémie (Bibl. nat. fr. 1816, fol. 48). En 1575, Provins se rachète du pillage par une contribution en nature (Bourquelot, *Hist. de Provins*, II, 159), elle subit des réquisitions et des contributions de guerre multipliées (p. 166, 167 note). La peste s'y déclare en 1581, reparaît en 1582, puis en 1586, à la suite de la famine ; elle y régnait encore à la fin du xvi° siècle (p. 165-166). A la même époque, les foires et le commerce y étaient entièrement ruinés, de 1,500 chefs de famille il n'en restait pas 500, les villages des environs étaient presque déserts (p. 193-194). Dans le voisinage, Chalautre-la-Grande avait été saccagée et détruite en 1586 par les troupes du duc de Guise. La soumission de la Normandie au roi n'y avait pas rétabli la sûreté des communications, en 1594 le commerce y était encore impossible (Arrêt du Conseil du 24 nov. 1594. Bibl. nat. fr. 18159, fol. 462 v°). A Meaux, en 1591, on occupe les ouvriers en faisant travailler aux fortifications (Carro, *Hist. de Meaux*, 1865, p. 276). En 1586-87 on expulse de Chartres les vagabonds venus du dehors, parfois on les tolère, et alors on les embrigade et on les fait travailler (Lepinois, *Hist. de Chartres*, II, 286-287).

2. Laffemas, *Reiglement general*, p. 12.

La situation misérable de l'industrie était en partie imputable à son organisation même. Les troubles politiques n'avaient fait que développer les germes de décadence inhérents aux corporations. Les rois des merciers qui avaient commencé au XIVe siècle à exercer une certaine autorité sur les merciers, c'est-à-dire sur les marchands en gros de certaines provinces obligés par la nature de leurs affaires à aller de foire en foire, avaient, à une époque que nous ne pouvons préciser, mais qui est antérieure à François Ier, étendu cette autorité sur tous les marchands et artisans. Personne ne pouvait exercer un métier sans avoir obtenu à deniers comptants des lettres de maîtrise du roi des merciers dans la juridiction duquel il était placé et qui percevait en outre tous les six mois des droits de visite et d'apprentissage[1]. En revanche les rois des merciers avaient charge de veiller à la police des métiers. François Ier tenta, mais sans succès, de réunir à la couronne ces droits et cette police. Les rois des merciers continuèrent à percevoir ces taxes, concurremment avec les gardes-jurés, et les uns comme les autres commirent une foule de malversations et d'abus. Ces gardes-jurés, n'étant plus élus par les corporations, mais nommés par les rois des merciers[2], s'entendaient avec eux pour tirer de leurs charges le plus de profit possible aux dépens des membres des corporations, auxquels ils faisaient accepter leurs exactions en tolérant leurs malfaçons et leurs fraudes[3]. Les maîtrises n'étaient devenues accessibles qu'aux fils et aux gendres de maîtres ou aux candidats assez riches pour se concilier la bienveillance de ceux-ci par des présents et des banquets[4] ; à Paris, ces banquets coûtaient aux candidats de 60 à 200 écus. Les apprentis riches faisaient à prix d'argent abréger le temps de leur apprentissage[5]. C'est en vain que le candidat, qui n'avait pour lui que son mérite, se tirait à son honneur de l'épreuve longue et coûteuse du chef-d'œuvre, ses examinateurs refusaient le plus

---

1. Préambule de l'édit d'avril 1597. Fontanon, I, 1101.

2. Édit d'avril 1597, art. 4.

3. *Ibid.* « Deffences seront faites à tous maistres jurez... de plus lever sur la communauté de leur mestier autres deniers que ceux... mentionnez aud. reglement et d'en abuser comme ils ont fait par le passé sous pretexte de pieté... » *Reiglement gen.*, p. 25. Voy. l'énumération des abus commis par les jurés dans un document publié par M. Levasseur, *Hist. des classes ouvr.*, II, 99.

4. Édit de déc. 1581. Fontanon, I, 1091. « ... au lieu de festins et autres frais qu'il luy faudroit faire... » *Reigl. gen.*, p. 22.

5. Édit de déc. 1581. *Ubi supra.*

souvent leur approbation à une œuvre que beaucoup d'entre eux
auraient été incapables d'exécuter[1].

Si l'intérêt du public se trouvait fort compromis par ces abus,
il était entièrement sacrifié dans les villes où l'exercice de l'industrie n'était soumis à aucune garantie, à aucun contrôle. Même
dans celles où l'industrie était organisée en maîtrises et en jurandes,
bien des métiers étaient libres et le restaient jusqu'au jour où leur
importance croissante les faisait ériger en corporations. Le régime
des corporations ne s'étendait pas d'ailleurs aux villages ni aux
bourgades. On voit qu'il ne manquait pas d'endroits où la licence
pouvait se donner carrière, sans même avoir à enfreindre des
règlements qui n'existaient pas. Cette licence était poussée si loin
que les habitants des villes où l'industrie et le commerce étaient
libres, étaient réduits à faire leurs achats et leurs commandes dans
des villes jurées[2] situées quelquefois à quinze ou vingt lieues de
celles qu'ils habitaient[3].

Il est plus facile de se représenter en gros ce que l'industrie
française pouvait être devenue en 1589 par suite des guerres
civiles et des vices inhérents à sa constitution que de spécifier les
pertes éprouvées par telle ou telle industrie particulière. On peut
le faire cependant pour plusieurs d'entre elles.

Les draps français avaient joui d'une grande réputation et
avaient été très recherchés au Levant et jusque dans l'Inde. Mais
les malfaçons, favorisées par les troubles, avaient discrédité et
presque entièrement ruiné l'industrie drapière. Elle produisait
quatre fois moins qu'avant les guerres civiles. A Provins, où dix-
huit cents métiers marchaient autrefois, à Senlis, à Meaux, à
Melun, à Saint-Denis, dans d'autres localités des environs de
Paris, la fabrication s'était pour ainsi dire arrêtée[4]. La plus
grande partie de la laine recueillie en Languedoc, en Provence,
en Dauphiné, au lieu d'être filée et tissée dans le pays, passait en
Italie d'où elle nous revenait manufacturée sous forme de serges
de Florence, d'étamets, de ras de Milan[5]. Les Anglais inondaient

1. *Ibid.*
2. Villes où existaient des maîtrises et des jurandes.
3. Édit de déc. 1581. *Ubi supra.*
4. Préface du *Reigl. gen.* Avis des corporations de Paris à la suite de la
*Commission, édit et partie des mémoires de l'ordre et establissement du com-
merce general des manufactures en ce royaume.* Paris, Pautonnier, 1601, in-4°
5. *Reiglement gen.*, p. 11.

le royaume de leurs draps, de leurs futaines, de leurs bureaux, de leurs bas de tricot, comme de leur chapellerie et de leur cordonnerie[1]. La fabrication des serges et des camelots, ce qu'on appelait alors la *sayetterie*, avait été très florissante à Amiens ; en 1576 elle avait tellement perdu de son activité que cinq à six mille ouvriers étaient réduits au chômage et ne vivaient que d'aumônes[2]. Les teinturiers parisiens qui, au milieu du siècle, teignaient annuellement six cent mille pièces de drap, en teignaient à la fin moins de cent mille[3]. La réputation des cuirs français avait été perdue par le défaut de conscience des tanneurs qui tannaient en moins de trois mois des cuirs qui leur demandaient autrefois un an ou deux[4]. Avant les guerres civiles, l'industrie des soieries faisait vivre à Tours près de quarante mille personnes, en 1596 le nombre des fabricants était réduit de huit cents à deux cents[5]. A la même date, une révision des règlements de la fabrique lyonnaise était rendue nécessaire par une désorganisation presque complète imputable à la même cause[6].

Certaines industries cependant avaient résisté au malheur des temps. Rouen continuait à faire de la draperie fine, ses draps étaient célèbres sous le nom de draps du sceau[7], ils devaient ce nom au sceau, à la marque qui en indiquait la provenance et en garantissait la qualité. La vaisselle d'argent de Paris avait conservé son excellent titre et sa réputation[8]. Les serges de Limestre, c'est-à-dire les serges fines fabriquées à Rouen, à Dieppe, à Fécamp et ailleurs, pouvaient remplacer avec avantage celles

---

1. *Ibid.*, p. 18. *Advis et remonstrance à MM. les commissaires députés du roi.* 1600, p. 7.

2. *Monuments inéd. de l'hist. du tiers état*, II, 903 note. Procès-verbaux de la commission du commerce dans Champollion, *Documents historiques extraits de la Bibliothèque nationale*, IV, 106-108.

3. Laffemas, *Recueil de ce qui se passe en l'assemblée du commerce*, p. 244.

4. I. Laffemas, *Hist. du commerce*, p. 419. *Reigl. gen.*, p. 13, 14.

5. Cahier des remontrances que les délégués de Tours doivent porter à l'assemblée des notables de Rouen, analysé par M. Giraudet, *Histoire de Tours*, II, 59.

6. Inventaire des arch. municipales de Lyon. Reg. BB 133, année 1596. Cet inventaire, dont les analyses peuvent jusqu'à un certain point remplacer les pièces elles-mêmes, fait partie de la collection publiée sous les auspices du ministère de l'intérieur et dont il possède seul un exemplaire complet. Il nous a été communiqué, ainsi que tous ceux dont nous avons eu besoin, par notre confrère M. B. Prost, rédacteur au ministère.

7. *Reiglement gen.*, p. 11. I. Laffemas, *Hist. du commerce*, p. 420.

8. Laffemas, *Hist. du commerce, loc. cit.*

de Florence, s'il faut en croire des juges fort prévenus, il est vrai,
en faveur de l'industrie française[1]. L'un d'eux, Laffemas, en
disait autant de celles que Sommières en Languedoc s'était mise
à fabriquer vers l'avènement de Henri IV. En 1596, Nîmes savait
donner aux siennes l'aspect du ras de Milan, Chartres imitait le
ras d'Arschot[2]; quelques années plus tard, les drapiers de Paris,
intéressés, ne l'oublions pas, à faire valoir la fabrique française,
mettaient les draps de Paris, de Rouen, de Meaux, du Berry, de
Beauvais, etc., bien au-dessus de la draperie étrangère[3]. Dans
les dernières années du xvi⁰ siècle, l'industrie des toiles était assez
développée en Normandie et notamment à Rouen, en Bretagne,
en Barrois, en Champagne et spécialement à Troyes, à Laval, à
Châtellerault pour donner lieu à un commerce d'exportation[4].
Louviers, Saint-Quentin, une partie de la Normandie faisaient
des toiles fines qui passaient pour valoir les toiles de Hollande[5].

Qu'il y ait quelque complaisance dans la préférence que les
contemporains auxquels nous devons ces renseignements accordent
aux produits français, nous sommes porté à le croire; il n'en est
pas moins incontestable que les deux industries françaises les plus
importantes, les seules qui eussent contribué jusque-là au commerce d'exportation, la draperie et les toiles, se ranimaient dans
les dernières années du siècle, à mesure que la pacification du
pays faisait des progrès. Cette sorte de renaissance toute sponta-
née, et à laquelle le gouvernement n'eut aucune part, se manifestait, on l'a vu, dans une région assez étendue, dans des centres
assez éloignés l'un de l'autre. Les symptômes d'activité industrielle qu'il nous reste à signaler ont un caractère plus local et
plus spécial, ce ne sont plus des traditions qui se renouent, ce
sont des créations dont l'origine se précise parfois par une date
ou par un homme. Dans les dix dernières années du xvi⁰ siècle
s'introduisait à Dourdan l'industrie des bas de soie et de tricot[6].
Un peu avant 1596, deux Flamands apprenaient aux habitants
de Senlis et des villages voisins à faire de la dentelle de Flandre[7].

---

1. *Reiglement gen., loc. cit. Avis des corporations.*
2. *Reigl. gen.,* p. 15-16. *Avis des corporations.*
3. *Avis des corporations.*
4. *Ibid.*
5. *Reigl. gen.,* p. 16.
6. *Reigl. gen.,* p. 10.
7. *Ibid.*

Ce n'est pas le seul exemple d'étrangers venant s'établir dans notre pays et y apportant des industries nouvelles ; si beaucoup de nos ouvriers s'étaient expatriés, en revanche des colonies d'artisans étrangers étaient venues braver nos agitations intérieures. Ainsi en 1581 d'habiles corroyeurs suisses s'étaient fixés en Béarn [1] et y exerçaient l'art de donner aux peaux de bœuf la façon du buffle, à celles de chèvre la façon du chamois, assez bien pour faire concurrence aux cuirs d'Allemagne. Sous leur influence la préparation des peaux de buffle et de chamois, que des négociants de Bayonne allaient chercher à Candie et dans les Etats barbaresques, avait atteint en Béarn une grande perfection [2]. Dès 1589, Poitiers travaillait toute espèce de cuirs à l'imitation de ces cuirs exotiques [3]. Les maroquins de la Rochelle éclipsaient ceux de Flandre, grâce aux fabricants flamands qui s'étaient établis dans cette ville dont les privilèges et l'autonomie les avaient peut-être attirés [4]. Vers 1596, un maître corroyeur de Nérac en Gascogne, nommé Bernardin, savait apprêter les cuirs de façon à les mettre à l'épreuve des armes blanches [5]. Il y avait trois ou quatre ans que Montpellier avait commencé à faire des velours, des satins, des taffetas ; cette ville se distinguait également par ses futaines blanches [6]. A côté des anciennes fabriques de soieries de Lyon et de Tours, si éprouvées, mais non détruites, s'établissait à Paris, sous la direction d'un industriel, nommé Godefroy, une manufacture de soieries et de brocards à laquelle semblait réservé un brillant avenir [7].

Henri IV n'était pas malheureusement en mesure d'encourager ces témoignages de l'activité renaissante de ses sujets. Lorsqu'il s'occupa de l'industrie pendant la période militante de son règne, ce ne fut pas le plus souvent par intérêt pour elle, mais pour lui demander des ressources extraordinaires, toutes différentes de celles qu'elle fournit dans des temps réguliers. C'est ainsi qu'au mois de janvier 1596, il rétablit des offices de contrôleurs, visiteurs,

---

1. *Reigl. gen.*, p. 10. M. Poirson (III, 240), trompé par l'ancienne orthographe de Béarn (Biard), s'est donné beaucoup de peine pour découvrir le lieu dont Laffemas a voulu parler et a fini par l'identifier avec un bourg du Lyonnais.

2. *Reigl. gen.*, p. 17.

3. *Ibid.*

4. *Reigl. gen.*, p. 16.

5. *Ibid.*, p. 9.

6. *Ibid.*, p. 16.

7. *Ibid.*

marqueurs de cuirs[1], dont la création ne se justifiait que par la nécessité de payer la solde arriérée des troupes suisses. Cet édit fut aussi impopulaire que préjudiciable à l'industrie des cuirs. Il souleva l'opposition des autorités locales, provoqua des émeutes parmi les gens de métiers et ne fut exécuté qu'avec beaucoup de peine. Uniquement préoccupés d'augmenter les produits de leurs charges, les contrôleurs-marqueurs[2] marquaient tous les cuirs qu'on leur présentait et les nombreuses industries qui emploient cette matière s'en trouvaient à la fois trompées et discréditées. Néanmoins l'édit fut maintenu et survécut non seulement à la guerre civile et étrangère qui le rendait excusable, mais même au roi qui l'avait rendu[3].

On peut rapprocher des créations d'offices les créations de maîtrises. Il y avait toutefois cette différence entre elles que, tandis que les premières faisaient renchérir les marchandises, les secondes tendaient à les faire baisser en développant la concurrence. Leur danger, c'était qu'elles pouvaient tomber dans les mains des premiers venus et ouvrir ainsi à des gens sans aptitude et sans capacité l'accès des professions industrielles. Aussi les corporations demandaient qu'elles ne fussent délivrées que sur leur désignation. Les lettres de maîtrise ne trouvaient pas toujours des acquéreurs. Les corporations avaient tant de moyens de leur rendre l'exercice du métier difficile et peu profitable, tant de façons de les vexer et de les dégoûter que souvent ces lettres ne se plaçaient pas. En 1608, il y en avait une foule qui étaient dans ce cas et dont les plus anciennes remontaient jusqu'à l'avènement de Fran-

---

1. Fontanon, I, 1168. L'édit de création est de 1585.

2. Ces places étaient données à la faveur, sans tenir aucun compte de la compétence. Ainsi un fourrier de la grande écurie du roi est contrôleur-visiteur et marqueur des cuirs de Poitiers. (Arrêt du Conseil du 13 octobre 1607. Bibl. nat. fr. 18172, fol. 29.)

3. L'opposition des municipalités et des corps judiciaires se manifesta notamment au Mans, à Lyon, à Orléans, à Soissons, à Château-du-Loir, à Châtellerault. (Arrêt du Conseil du 15 février 1596. Bibl. nat. fr. 18162.) Des émeutes éclatèrent au Mans, à Lyon, à Rouen, à Troyes, à Caen, etc. (Arrêts du 15 février et du 26 août 1598.) Les États de Normandie, dans leur session de décembre 1598, réclamèrent la révocation de l'édit. Robillard de Beaurepaire, *Cahiers des États sous Henri IV*, I, 117. En 1600 et 1601, Laffemas et les cordonniers de Paris exprimèrent le même vœu. *Remontrances en forme d'édit* et *Avis des corporations*. Un arrêt de 1618 confirma l'existence des contrôleurs, visiteurs et marqueurs créés à Laval en exécution de l'édit. La Beauluere, *Recherches sur les corporations d'arts et métiers du comté-pairie de Laval*, p. 40.

çois II, elles faisaient l'objet d'un trafic et passaient de main en main en se dépréciant de plus en plus. Elles avilissaient du même coup celles qui avaient été créées par Henri IV ou qui pouvaient l'être à l'avenir[1]. Aussi le roi rendit le 8 juillet 1608 une déclaration révoquant toutes celles qui avaient été créées avant son avènement et qui avaient été délivrées depuis.

Les succès décisifs de Henri IV dans le cours de l'année 1596 lui permirent de s'occuper de l'industrie avec des vues plus désintéressées et plus libérales. La convocation d'une assemblée de notables conduisait naturellement à examiner la situation générale du pays, à sonder ses plaies, à rechercher les moyens de les fermer. Lorsque cette assemblée se réunit à Rouen le 4 novembre 1596, le roi lui soumit[2] les projets qu'il avait reçus de plusieurs particuliers sur les moyens de relever l'industrie nationale. Le plus remarquable de ces mémoires était un projet d'organisation industrielle rédigé par Barthélemy Laffemas sous le titre de *Règlement général pour dresser les manufactures en ce royaume*[3]. Les idées de Laffemas, même celles qu'il partage avec son temps, sont bien à lui, en ce sens qu'il se les est faites lui-même et qu'il ne les a pas puisées dans les livres, car il n'était rien moins qu'un lettré, mais dans la longue pratique des affaires[4]. Né en 1545 à Beausemblant en Dauphiné, attaché vers 1566 en qualité de tailleur valet de chambre à la maison du roi de Navarre, il avait entrepris en 1576 la fourniture des étoffes de la maison de Henri III et avait à cette occasion noué des relations commerciales étendues avec l'étranger. Le plan de réforme qu'il présenta au roi en 1596 était arrêté dans son esprit dès 1585[5]. Il fut très probablement appelé à le soutenir devant l'assemblée des notables[6].

---

1. Bien entendu les lettres de maîtrise n'étaient pas vendues directement par le roi ni par les concessionnaires, elles étaient affermées à des traitants qui les affermaient d'autant moins cher qu'elles étaient plus nombreuses. Reg. du conseil d'État de '˷09, Bibl. nat. fr. 18164, fol. 3.

2. *Reiglement general.*

3. Paris, Claude de Montreuil, 1597, in-8°.

4. « ... *pour n'avoir iceluy autheur jamais esté aux escolles, et ce peu qu'il a apris a esté en faisant traffic de marchandise tenant l'argenterie du roy...* » disait-il de lui-même. *Le quatrieme advertissement du commerce faict sur le debvoir de l'aumosne des pauvres desdié aux riches et amateurs du bien public*, etc. Paris, Mettayer, 1600, p. 15. Voy. sur B. Laffemas la notice de M. Paul Laffitte. Extrait du *Journal des économistes*, Guillaumin, 1876.

5. *Reigl. gen.*

6. *Ibid.*

Les mesures générales qu'il préconisait, en dehors de la sériciculture et de la création de l'industrie des soieries, consistaient à
rendre universel et obligatoire le système des maîtrises et des
jurandes, à établir des chambres syndicales, de deux degrés, les
premières administrant chaque corporation, les secondes exerçant
leurs attributions sur toutes les corporations d'un diocèse, et
investies les unes et les autres de la police et de la juridiction des
métiers, à protéger l'industrie nationale en interdisant l'exportation des matières premières et l'importation des objets manufacturés, à attirer les ouvriers étrangers par la naturalisation, à
créer une caisse de secours pour les gens de métiers incapables
de travailler et des établissements publics destinés à servir d'ateliers pour les mendiants valides et de maisons de correction pour
les jeunes détenus. Ce qu'il y a de plus original dans le plan de
Laffemas, c'est l'idée de ces syndicats professionnels, auxquels
sont dévolues, à l'exclusion autant que possible de la justice ordinaire, l'administration, la surveillance, la juridiction des corporations ; on ne peut que louer la pensée de rendre les corporations
aussi indépendantes que possible, en les rendant plus sévères pour
elles-mêmes, de régler les nombreux et coûteux débats qui s'éle-
vaient dans leur sein ou entre elles par des arbitrages gratuits et
éclairés. Les vœux des gens compétents, qui s'occupent aujour-
d'hui de ces questions, ne vont pas au delà de ce que demandait
Laffemas.

Son projet souleva cependant diverses objections. Les uns lui
reprochaient d'innover, les autres faisaient remarquer que l'industrie entraîne dérogeance, d'autres qu'elle enlèverait, en se
développant, trop de bras à l'agriculture, d'autres enfin appré-
hendaient les dangers que ces syndicats électifs pouvaient faire
courir à la société si longtemps agitée par les associations et les
réunions. Laffemas reprit la plume pour réfuter ces objections. Il
se défendit de vouloir innover, affirmant qu'il visait au contraire
à faire restaurer l'ancienne police industrielle altérée par les
guerres civiles, il proposait pour modèle à ses compatriotes l'Italie
où l'exercice de l'industrie et du commerce n'était pas incompatible avec la noblesse[1], il soutenait que l'industrie ne ferait pas
tort à l'agriculture et que les paysans pourraient même employer
les loisirs que leur laissaient les travaux des champs à certains

---

1. Il aurait pu ajouter l'exemple de l'Espagne.

travaux industriels, enfin c'était, disait-il, à la faveur des confréries que s'étaient tenues ces assemblées séditieuses dont on craignait le retour et les syndicats mettront précisément fin à ces assemblées[1].

Les magistrats, les officiers municipaux qui représentaient exclusivement le tiers état dans l'assemblée[2], ne pouvaient être favorables à l'idée de faire de la classe industrielle une classe indépendante, s'administrant, se jugeant elle-même, se passant autant que possible des tribunaux ordinaires. Des vues de Laffemas on ne retrouve, dans le cahier de doléances adopté par les notables le 25 janvier 1597, que celles qui ont trait à la protection de l'industrie nationale et à l'établissement des ouvriers étrangers en France. L'assemblée exprima le vœu que le roi interdît la sortie des laines et autres matières premières, ainsi que l'entrée des soieries et draperies, du fil, des passements et des étoffes d'or et d'argent, qu'il favorisât au contraire, par la suppression des droits de douane, l'importation des soies et laines brutes ; elle demanda que les ouvriers étrangers qui viendraient travailler en France trois ans durant obtinssent les droits de régnicole sans avoir besoin de lettres de naturalité[3]. Du reste l'analogie des vœux de Laffemas et de ceux de l'assemblée n'indique pas nécessairement que celle-ci ait suivi les inspirations de l'écrivain ; le système protecteur, la naturalisation des étrangers étaient des idées courantes, que le publiciste et l'assemblée purent exprimer indépendamment l'un de l'autre.

Quoi qu'il en soit, les abus dont souffrait l'industrie avaient été signalés, la question d'une réforme industrielle avait été posée devant les notables. Ce fut incontestablement là l'origine de l'édit d'avril 1597[4]. Quant à l'influence sous laquelle cet édit fut conçu, il ne faut la chercher ni dans l'écrit de Laffemas ni dans les délibérations des notables, la source d'où il dérive n'est pas difficile à découvrir, puisqu'il s'annonce lui-même comme remettant en vigueur et complétant celui de décembre 1581. Le but de celui-ci avait été de restaurer l'organisation industrielle du moyen âge

---

1. Sa *Réponse aux difficultés proposées à l'encontre de son règlement* est publiée à la suite du règlement.

2. Voy. la composition de l'assemblée dans Poirson, *Mém. et documents nouveaux*, p. 51.

3. Cahier de doléances dans Poirson, *Mém. et doc.*, p. 65.

4. Préambule de l'édit.

en faisant disparaître les abus que le temps y avait introduits, de généraliser le régime des corporations et de l'élargir dans une certaine mesure. Il avait confirmé les statuts, rétabli l'élection des gardes-jurés, interdit les banquets et les droits de confrérie, condamné l'usage que les corporations faisaient du chef-d'œuvre pour écarter les candidats. Il avait ôté à la corporation son caractère étroitement local en autorisant les maîtres reçus dans les villes qui étaient le siège d'un parlement, d'une sénéchaussée, d'un bailliage, d'un présidial, à exercer dans le ressort de ces juridictions, les maîtres des faubourgs à exercer dans la ville, ceux de Paris à exercer partout. Enfin il avait un côté fiscal : il établissait un droit d'entrée gradué suivant les métiers, qui étaient répartis en trois classes d'après leur importance. Les troubles du royaume l'empêchèrent d'être exécuté. Henri IV, dont l'attention était appelée sur la décadence de l'industrie et qui cherchait partout des moyens de remplir le trésor, s'appropria la réforme de son prédécesseur. Son édit unifiait l'organisation industrielle en érigeant tous les métiers en jurandes, les artisans qui exerçaient des métiers libres obtenaient la maîtrise sous la seule condition du serment, faveur personnelle dont ne devaient pas bénéficier ceux qui s'établiraient dans la suite. Les membres des corporations durent renouveler le serment de maîtrise, qui n'avait été reçu que par les rois des merciers ou leurs délégués, c'est-à-dire par des gens sans qualité, et prendre de nouvelles lettres de maîtrise. Les rois des merciers, leurs lieutenants et officiers étaient supprimés. Aussitôt après la prestation de serment, les gens de métiers devaient se réunir et procéder à l'élection d'un ou deux gardes-jurés (art. 4). L'édit de 1581 réservait au roi le droit de créer, c'est-à-dire de vendre dans chaque métier trois maîtrises dont les titulaires seraient exempts de chef-d'œuvre (art. 1); la même disposition, inspirée par la même préoccupation, se retrouvait dans l'édit de 1597. Ce n'est pas le seul article où apparaisse l'esprit fiscal dont ils procédaient en grande partie l'un et l'autre. Sous prétexte des avantages qu'ils leur procuraient et pour indemniser le fisc des droits indûment payés aux rois des merciers depuis l'époque où François Ier avait ordonné leur suppression, tous les marchands et artisans étaient soumis à un droit variant d'un écu soleil à un demi-écu dans les grandes villes et de la moitié dans les endroits moins importants. Les banquets de réception étaient interdits.

Il serait injuste d'attribuer cet édit à une pensée purement fiscale[1], comme il serait naïf de méconnaître qu'il est inspiré en partie par le désir avoué de se procurer des ressources pour payer la solde arriérée des Suisses. Mais surtout il faut se garder d'y voir avec M. Poirson l'inauguration de la liberté industrielle. C'est là une erreur qui ne tend à rien moins qu'à faire de Henri IV, en matière de législation industrielle, le précurseur de l'Assemblée constituante et qui est d'autant plus dangereuse que l'ouvrage où elle se trouve jouit d'une légitime autorité. Ce qui a trompé M. Poirson, c'est que l'édit accorde la maîtrise à tous les artisans qui, au moment de sa promulgation, exercent des métiers libres, c'est-à-dire des métiers qui ne sont pas érigés en maîtrises et en jurandes; mais il n'y a là qu'une de ces dispositions transitoires et accessoires comme on en trouve toujours dans les lois qui substituent une organisation uniforme à une organisation disparate. Il y a toujours alors des droits acquis à régler, des situations à faire cadrer avec l'organisation nouvelle, un passé à liquider. C'est ce que fait Henri IV en élevant d'un trait de plume au rang de maîtres, sans leur rien demander qu'un serment, les industriels et les commerçants restés en dehors d'un système que le règlement général de 1581 n'avait pas réussi à faire prévaloir dans tout le pays. Que l'on considère les dispositions essentielles et permanentes de l'édit, on y reconnaîtra une œuvre de restauration et non d'innovation, ce qui ne l'empêche pas d'être une œuvre de progrès. Loin d'être abolies, comme des entraves gênantes pour l'industrie, les épreuves imposées aux candidats à la maîtrise étaient confirmées et ramenées à leur but primitif, comme des garanties tutélaires également commandées par l'intérêt du public et par celui des corporations. L'article qui réserve au roi le droit de créer dans chaque métier trois maîtrises en faveur de personnes n'ayant pas fait de chef-d'œuvre, dit assez clairement que l'immense généralité des artisans reste soumise à cette condition. Si l'édit n'est pas plus explicite à cet égard, c'est qu'il ne fait que confirmer, en l'étendant aux commerçants, le règlement général de 1581, il lui suffit donc de s'y référer, et c'est à l'aide de ce règlement qu'il faut comprendre ses réticences et son esprit général[2].

1. Il paraît que certaines personnes l'ont compris ainsi. M. Poirson (*Hist. de Henri IV*, III, 303 note 1) repousse avec raison cette interprétation, mais sans nous faire connaître ceux qui l'ont adoptée.

2. L'édit dit d'ailleurs expressément qu'il faut se guider dans son application par le règlement général (art. 6).

M. Philippson[1] a contesté avant nous la portée exagérée attribuée par M. Poirson à l'édit d'avril 1597, mais il a invoqué contre l'interprétation de M. Poirson un fait inexact et que les preuves alléguées par lui sont bien loin d'établir. La preuve que l'édit n'établit pas la liberté du travail, c'est, dit-il, que le nombre des maîtrises resta limité. Présentée sous cette forme générale et absolue, son affirmation est erronée. Le nombre des maîtres n'était pas dans la plupart des corporations directement et expressément fixé; ce qui est vrai, c'est que les *maîtrises étaient devenues inabordables* pour ceux qui ne pouvaient supporter les frais fort onéreux que les maîtres en exercice et les délégués des rois des merciers imposaient aux aspirants. En principe, les corporations restaient ouvertes à tous ceux qui avaient rempli les conditions de la maîtrise, mais, comme nous l'avons indiqué, ces conditions avaient été tellement dénaturées qu'elles fermaient l'accès de la maîtrise à presque tous les candidats sans fortune ou qui n'avaient pas de parents parmi les maîtres.

L'édit de 1597 fut-il mieux observé que le règlement général de 1581 ? Cela est probable, mais ce n'est pas beaucoup dire. Ce qu'il y a de certain, c'est qu'il rencontra bien des résistances et ne réussit pas à substituer partout le régime corporatif au travail libre. Il avait le tort aux yeux des corporations de leur imposer des sacrifices pécuniaires et d'introduire dans leur sein des concurrents sans autre titre que la faveur royale. Il y en eut qui obtinrent une réduction des droits, la plupart remboursèrent les acquéreurs des lettres de maîtrise créées par le roi[2] ou payèrent aux parties casuelles la finance à laquelle ces lettres avaient été taxées. L'édit fut bien accueilli par certains industriels exerçant des métiers libres et heureux de s'en assurer le monopole, ainsi que par les membres de certaines corporations qui l'invoquèrent un peu abusivement pour se détacher de ces corporations et en former de nouvelles[3]. L'opposition qu'il souleva, les malversa-

1. *Henrich IV und Philipp III.* Berlin, 1876, II, 349 note 2.

2. *Cette double faveur fut accordée aux merciers de Paris par un arrêt du* 18 janvier 1598. Bibl. nat. fr. 18162, fol. 54.

3. « Quoy que la finance volontairement payée dans les coffres du feu roy Henri IV par la communauté des marchands maistres plumassiers, panachers, bouquetiers et enjoliveurs de... Paris leur ait procuré les assurances d'un establissement honorable, ainsi qu'il est déclaré par le premier art. desd. statuts de juill. 1599. » Collection Delamare, *Arts et mét.*, VIII. Bibl. nat., ms. fr. 21798, pièce 157. En exécution de son édit, Henri IV érigea en jurande le métier de

tions et les abus dont se rendirent coupables les commissaires chargés de le faire exécuter, en firent surseoir l'exécution[1]. La ville de Lyon, qui avait fait valoir ses privilèges pour être affranchie de son application, obtint gain de cause en 1606[2]. En 1602, en 1608 il y avait encore des villes où il n'existait pas de jurandes[3], et les rois des merciers n'avaient pas encore disparu en 1614, puisqu'à cette date le tiers état inscrivait dans son cahier de doléances le vœu de leur suppression[4].

Laffemas ne se laissa pas décourager par l'accueil que les notables avaient fait à son projet, il ne cessa de provoquer la sollicitude du roi en faveur de l'industrie et du commerce du pays. Dans le plus important des mémoires qu'il lui adressa à ce sujet, il présentait sous la forme d'un édit un projet de réformes où l'on retrouve en partie les idées sur lesquelles les notables avaient eu à se prononcer. Pour fortifier ces idées de l'approbation de la classe compétente, il recueillit, de l'aveu du roi, l'avis des principales corporations parisiennes. Cette enquête, ouverte en 1598, dura jusqu'en 1600. Prohibition des produits manufacturés à l'étranger, défense d'exporter les matières premières, établissement d'un nouveau droit de marque d'un sol par livre sur les articles fabri-

découpeurs-égratigneurs-gauffreurs sur étoffes. Même coll. fr. 21792, fol. 232 et suiv. Cahier des brodeurs et des taillandiers aux États de 1614. Archives nat., série K.

1. Arrêt du conseil du 19 août 1599. A Tours, le commis à la recette des droits fut emprisonné par ordre de l'échevinage (25 août 1598). L'échevinage de Poitiers forma opposition à l'exécution de l'édit, et en conséquence le sénéchal de Poitou refusa de le publier et de le faire exécuter. Le conseil lui ordonna de passer outre par arrêt du 28 nov. 1598. Fr. 18163, fol. 93. Le roi dut envoyer des commissaires à Angers, à Saumur, à Aix, à Toulouse, à Bordeaux, à Troyes, pour en assurer l'enregistrement et la publication. Arrêts du conseil des 13 janv. et 14 février 1598. Fr. 18162, fol. 15 v°, 115, 115 v°. *Lettres miss.*, VIII, 724, et *Lettres miss. de Henri IV conservées dans les archives municipales de Troyes*, publiées par M. Boutiot. Troyes, 1857, in-8°, p. 56.

2. Arrêts du Conseil du 24 et du 28 janvier 1598. Arrêt ordonnant à l'échevinage de Lyon de justifier de leurs privilèges et jusque-là de surseoir à l'exécution de l'édit. 20 janvier 1604. Fr. 18162, fol. 55. Inventaire des arch. municipales de Lyon. Reg. BB 137, 138. Levasseur, II, 161.

3. *Lettres mss.* V, 627, *Doc. inéd.*, p. 166. « N'estoit le mestier de sellier juré de sorte que qui vouloit travailler d'icelluy le pouvoit faire. » Sentence de l'échevinage de Bourges rendue le 4 déc. 1598. Toubeau de Maisonneuve, *Les anciennes corporations ouvrières à Bourges*, p. 204. « ... es villes où il y aura maistrise et jurande. » Cahier des bonnetiers aux États de 1614.

4. Cahier du tiers état, p. 214.

qués pour remplacer le revenu des douanes extérieures, unité des poids et mesures, création d'un contrôleur, d'un intendant et d'une chambre du commerce, révision et réforme de l'organisation des corporations par une commission de douze anciens commerçants nommés par l'échevinage parisien, application de cette nouvelle police aux artisans et marchands suivant la cour, désignation par les corporations des titulaires des lettres de maîtrise, taxe des salaires des ouvriers et surveillance de leur conduite par les gardes-jurés, arbitrage de ceux-ci sur les différends entre gens de même métier, attribution aux mêmes de la connaissance en première instance des plaintes contre les maîtres, abolition des confréries, ouverture d'ateliers publics pour faire travailler les pauvres, tels étaient les moyens que Laffemas proposa au roi, pour rendre à l'industrie sa prospérité, et sur lesquels il consulta les corporations parisiennes.

Sans se prononcer sur tous ces moyens et en faisant de leur côté certains vœux inspirés par des intérêts particuliers, les corporations adhérèrent aux principales idées de Laffemas; elles se montrèrent surtout unanimes, à une exception près, à réclamer la prohibition des produits de l'industrie étrangère. La seule qui ne s'associa pas à ce vœu, qui se déclara même contre la prohibition, fut la corporation des merciers, qui vivait presque exclusivement du commerce et dont le commerce s'alimentait, en grande partie, de marchandises étrangères[1].

Par lettres patentes du 13 avril 1601 le roi nomma une commission de dix-sept personnes pour examiner le projet d'édit de Laffemas et les documents à l'appui et pour préparer des règlements sur le commerce et l'industrie, après avoir procédé, si besoin était, à une nouvelle enquête[2]. Il suffisait de la présence

1. Voir pour ces deux paragraphes les *Remontrances en forme d'édit* et les avis des corporations imprimés à la suite dans l'édition originale qui porte pour titre : *La commission, edit et partie des memoires de l'ordre et establissement du commerce general des manufactures en ce royaume*. Paris, Pautonnier, 1601, in-4°. M. A. Champollion a réimprimé dans le recueil précité les *Remontrances en forme d'édit*. Ce fut Laffemas qui résuma par écrit les vœux des corporations dans leur ensemble pour éviter les redites qu'aurait présentées la rédaction des vœux de chacune en particulier. Cette rédaction fut faite par-devant notaires et soumise aux corporations qui y signalèrent une omission.

2. Cette commission se composait des sieurs de Rambouillet, chevalier de l'ordre, de Verdun, président au Parlement, d'Hacqueville, président au Grand Conseil, de Charmeaux, président à la Chambre des comptes, de Rebours, pré-

de sept de ses membres pour rendre ses délibérations valables. Elle avait le droit de citer devant elle, par tous les moyens de publicité et au besoin par huissier, les personnes et les corps qui pouvaient lui donner des renseignements utiles[1]. Elle fut complétée ou modifiée par d'autres lettres patentes du 10 juillet 1601[2]. Elle adopta après quelques séances un projet de réformation du commerce qui, soumis au Conseil, fut approuvé par lui. N'étant plus en nombre par suite de la mort de plusieurs de ses membres et de l'impossibilité de plusieurs autres d'assister aux séances, elle fut renouvelée par le roi qui voulut que deux marchands de Paris, élus par leurs confrères, prissent part désormais aux délibérations[3].

Il est regrettable qu'on n'ait pas conservé le projet de réformation si rapidement délibéré et voté par elle. On voit du reste par les termes dans lesquels en parlent les lettres patentes du 20 juillet 1602 qu'il n'avait pas été positivement adopté par le conseil, puisqu'elles assignent précisément pour tâche à la commission de l'examiner de nouveau et de l'arrêter définitivement. Les procès-verbaux de la commission[4] montrent par leur silence qu'elle se déroba à cette tâche et qu'elle ne revint pas sur le projet en question. C'est même un fait digne de remarque que le peu de place que la réforme de l'organisation industrielle et commerciale occupa dans les délibérations de l'assemblée et à quel point elle

sident à la Cour des aides, de Rancher, président de la troisième Chambre des enquêtes du Parlement, d'Ozembray, président des requêtes du Parlement, de Nicolas Prevost et Raoul le Feron, conseillers de la Chambre des comptes, du prévôt des marchands, d'un échevin, de Nicolas le Beauclerc, trésorier général de France à Paris, de Cardin le Bret, avocat général à la Cour des aides, de Charles du Lys, substitut du procureur général au Parlement, de Galliot Mandat, conseiller et secrétaire des finances du roi, de Robert des Prés, avocat au Parlement, de Charles Poussemotte, secrétaire du roi, de la maison, couronne de France et de ses finances, faisant fonction de secrétaire.

1. Voy. les lettres patentes dans Champollion, p. xiii.

2. Elles sont visées dans celles du 20 juillet 1602. Champollion, p. 2.

3. Lettres patentes du 20 juillet 1602. *Ibid.*, p. 1. La nouvelle commission était formée des sieurs de Rambouillet, de Rebours, Cardin le Bret, Charles du Lys, Charles Poussemotte et Robert des Prés, membres de l'ancienne, du président Jeannin, de Mes Bragelonne, de Grieux et Nicolas Chevalier, conseillers au Parlement, Charles Benoît et Pierre de Pincé, conseiller de la Chambre des comptes, qui remplaçaient les membres morts ou empêchés. A ces douze membres de droit pouvaient se joindre le prévôt des marchands et les échevins ou l'un d'eux et deux commerçants parisiens elus.

4. Nous ne possédons pas de procès-verbaux antérieurs à la reconstitution de la commission (20 juillet 1602) et il est fort douteux qu'il en ait été rédigé. Ceux qui nous sont parvenus commencent au 17 août de la même année.

négligea cette partie de son programme. On ne peut expliquer son abstention par l'opposition des corporations à toute modification du régime existant; tout au contraire elles aspiraient à la réforme des abus qui s'étaient développés dans leur sein à la faveur des guerres civiles et à la restauration de leur ancienne discipline[1]. Nous voyons même certains fabricants d'Amiens, dont la profession n'est pas autrement spécifiée, présenter requête à la commission pour obtenir un règlement sur leur industrie, et la commission décider qu'elle examinera leurs anciens statuts et règlements pour en proposer un nouveau au roi[2]. Elle n'avait pas d'ailleurs toujours besoin d'être saisie de cette question de la révision et de l'amélioration de la législation industrielle et commerciale pour s'en occuper; dans la séance du 28 février 1603, M. du Lys, rédacteur ordinaire de ses avis et de ses projets, proposait de s'occuper des règlements qu'elle était chargée de donner à toutes les corporations du royaume. La commission, reculant devant la difficulté d'aborder à la fois l'examen de toute l'organisation industrielle et commerciale, décidait qu'elle entreprendrait successivement la révision et la réforme de la police des différents arts et métiers et qu'elle commencerait par la draperie; elle déléguait en conséquence plusieurs de ses membres pour s'entendre avec les drapiers les plus expérimentés sur les meilleurs moyens de réglementer leur profession[3]. Cette décision, plus pratique en apparence qu'en réalité, conduisait nécessairement à l'abandon d'une refonte générale de la réglementation des corporations, car, bien que la durée de la commission ne fût pas limitée, il était facile de prévoir qu'elle ne siégerait pas assez longtemps pour passer successivement en revue les statuts et les règlements de chaque corps de métier. La méthode proposée par Laffemas et qui consistait à demander aux corporations la copie de leurs statuts et règlements, avec des mémoires sur les abus dont elles désiraient la suppression, était la seule pratique, parce qu'elle mettait de suite à la disposition de la commission les documents nécessaires pour connaître le régime qu'il s'agissait d'améliorer; en se partageant l'examen de ces documents, elle pouvait s'occuper de plusieurs métiers à la fois et venir peut-être à bout de la

---

1. Lettres pat. du 20 juillet 1602. *Ubi supra.* Remontrances en forme d'édit. Champollion, p. xxxiii. Avis des corporations à la suite des remontrances en forme d'édit, éd. orig., p. 7.

2. Procès-verbaux de la commission, dans Champollion, p. 97.

3. *Ibid.*, p. 70.

lourde tâche dont elle était chargée. Elle adopta la proposition
de Laffemas et ordonna aux maîtres et gardes-jurés de déposer
au greffe les pièces en question[1], mais cet ordre ne fut pas exécuté,
et elle ne s'occupa plus de la réforme de la police des arts et
métiers. Elle se borna, conformément à la marche qu'elle s'était
tracée, à élaborer une réglementation nouvelle de la draperie,
citant devant elle les gardes-jurés des corporations qui se livraient
à l'industrie et au commerce des draps, leur enjoignant de lui
communiquer leurs règlements et leurs vœux de réforme, sans
obtenir toujours de leur part un concours empressé.

Il est du reste facile de comprendre qu'elle ait décliné la mission
de revoir et de modifier toute la législation industrielle et commerciale du pays. Cette mission, qui l'amenait à examiner toutes
les requêtes des corporations, à prononcer sur leurs prétentions
contradictoires, à se faire une opinion sur une foule de questions
techniques, dépassait les forces et la compétence des quinze ou
seize personnes que le roi avait prises dans les cours souveraines
et les rangs élevés de l'administration. Pour accomplir une
pareille tâche, il aurait fallu une commission permanente, où
l'industrie et le commerce auraient été plus largement représentés.
C'est ce qu'avait compris Laffemas en demandant la création
d'un conseil de conservateurs du commerce, composé de douze
personnes rétribuées, appartenant à la magistrature et à l'administration, et se renouvelant tous les ans par moitié. Dans son
projet d'édit, c'est, on s'en souvient, une commission de douze
notables anciens commerçants et industriels parisiens, nommés
par l'échevinage, qu'il chargeait de faire un règlement général
pour toutes les corporations du royaume. Son plan comprenait
aussi la création d'un surintendant ou contrôleur général du
commerce. Le roi réduisit les deux conseils qui faisaient partie
de ce plan à un seul, composé, comme on l'a vu, de magistrats
et d'administrateurs, auxquels furent associés deux négociants,
et conféra à Laffemas la commission de contrôleur général du commerce[2]. Le conseil de commerce, depuis le moment où il fut
reconstitué (20 juillet 1602) jusqu'au 26 octobre 1604, tint cent
soixante-seize séances. S'il n'accomplit pas la révision et la
refonte du régime industriel et commercial, il adopta en faveur

1. Procès-verbaux, p. 131.
2. En attendant qu'elle devînt une charge en titre d'office. Voy. les lettres
de commission du 15 nov. 1602. Procès-verbaux, p. 30.

d'un grand nombre d'industries particulières des mesures que nous aurons à signaler et à apprécier quand nous nous occuperons de ces industries. Envisageant exclusivement pour le moment ce qui s'est fait ou tenté sous Henri IV pour modifier l'organisation générale de l'industrie, nous n'avons à parler ici du conseil du commerce que pour dire qu'il la laissa telle qu'il l'avait trouvée.

En même temps qu'il essayait d'améliorer le système des corporations, Henri IV exemptait de leur étroite réglementation les hommes qu'il jugeait dignes de cette faveur par leur talent et par leur originalité. Il existait déjà sous ses prédécesseurs des asiles ouverts à la liberté et au progrès des arts mécaniques. Il en augmenta le nombre en installant dans la grande galerie du Louvre qu'il venait de terminer des artisans d'élite, en y créant une véritable école de beaux-arts et d'arts industriels. Dès 1600, la grande galerie était occupée par un certain nombre de ces ouvriers hors ligne [1]. Les vexations des corporations vinrent les y troubler. Le roi rendit alors le 30 juin 1607 des lettres patentes autorisant les hôtes du Louvre à travailler pour le public, et les apprentis formés par eux à s'établir dans tout le royaume sans faire de chef-d'œuvre ni prendre de lettres de maîtrise. Malgré ces lettres patentes qui ne furent enregistrées par le Parlement qu'avec certaines restrictions, ils restèrent en butte aux persécutions des corporations et furent entravés dans le droit de travailler pour le public et de faire recevoir leurs apprentis à la maîtrise. Le roi confirma leurs privilèges par d'autres lettres du 22 décembre 1608 qui acceptaient une partie des réserves formulées par le Parlement et tenaient les autres pour non avenues. Elles exemptaient les hôtes du roi des visites, de la police des corporations, ouvraient l'entrée de la maîtrise à leurs apprentis sur le vu d'un simple certificat de leur maître, dispensaient ces apprentis de se faire inscrire au parquet du Châtelet, assuraient aux maîtres la conservation de leurs privilèges dans le cas où ils quitteraient la galerie sans leur faute, mais obligeaient les orfèvres, comme l'avait voulu le Parlement, à faire marquer leurs ouvrages par les gardes-jurés de la corporation. Les artistes, les inventeurs et les savants auxquels elles accordaient le logement et les avantages qui y étaient attachés, étaient Jacob Bunel, peintre, valet de chambre du roi, Abraham de la Garde, horloger, valet de chambre, Pierre Courtois, orfèvre, valet de chambre de la reine,

---

1. Berty, *Topographie hist. de Paris*, II, 100.

Franqueville, sculpteur, Julien de Fontenay, graveur en pierres fines, valet de chambre, Nicolas Roussel, orfèvre parfumeur, Jean Séjourné, sculpteur fontainier, Guillaume Dupré, sculpteur et contrôleur général des poinçons des monnaies de France, Pierre Varinier, coutelier et forgeron d'épées en acier de Damas, Laurent Setarbe, ébéniste faiseur de cabinets, Pierre des Martins, peintre, Jean Petit, fourbisseur, doreur, damasquineur, Etienne Raulin, fabricant d'instruments de mathématiques, Alleaume, professeur de mathématiques, Maurice du Bout, tapissier de haute lisse, Pierre du Pont, tapissier de tapis du Levant, Marie Bourgeois, peintre, valet de chambre, sculpteur, ouvrier en globes mouvants et autres inventions mécaniques. Les lettres patentes rendues en faveur des hommes distingués que nous venons de nommer furent enregistrées le 9 janvier 1609 [1].

Henri IV eut aussi l'idée d'établir au Louvre un musée de machines, d'inventions mécaniques, de modèles industriels; il demanda à Sully [2] un projet pour l'installation de ce musée, mais cette idée ne fut pas réalisée et ce fut, comme on sait, la Révolution qui eut l'honneur de créer le Conservatoire des arts et métiers.

Ce n'est pas dans ses efforts en grande partie infructueux pour réformer l'organisation générale de l'industrie que Henri IV se montra original et créateur; nous avons vu que le plan de réorganisation qui fait le fond de l'édit de 1597 était emprunté à Henri III. Il n'eut pas au contraire de modèle ni de précurseur dans la tentative de faire de la France un pays industriel en la dotant d'industries nouvelles ou en rendant la vie à des industries qui dépérissaient.

La première qui l'occupa fut celle des soieries. Elle méritait cette sollicitude à cause de l'usage très répandu des étoffes de soie au XVIe siècle. Par suite de cette loi qui fait que le goût de l'épargne diminue et que celui des dépenses improductives augmente dans les sociétés qui ne jouissent pas de la sécurité du lendemain, le luxe s'était beaucoup développé pendant les guerres civiles et se manifestait notamment par un goût pour la soie qui avait gagné jusqu'à la bourgeoisie, jusqu'au peuple. Les négociants en soieries qui, avant les dernières années du XVIe s., n'étaient que cinq ou six à Paris,

---

1. *Topographie hist.*, II, 100-102.
2. *Économies roy.*, X, 307-308.

s'y étaient multipliés à l'infini[1]. Ce goût des étoffes de luxe coûtait annuellement à la France six millions d'écus, soit dix-huit millions de livres, d'après l'estimation de l'homme le plus compétent en pareille matière, B. Laffemas[2]. En effet, les documents que Laffemas, en sa qualité de contrôleur général du commerce, a eus entre les mains doivent faire préférer son estimation, qui est d'ailleurs confirmée par P. Cayet[3], à celle d'Olivier de Serres qui ne porte qu'à quatre millions d'écus, soit à douze millions de livres, la valeur des soieries importées.

Pour comprendre la préoccupation que cette importation inspirait au gouvernement de Henri IV, il faut se rappeler que, le numéraire étant alors considéré comme la valeur par excellence, l'excédent des importations sur les exportations représentait, aux yeux des hommes d'Etat du temps, une perte sans compensation. Cette erreur économique, qui fut érigée plus tard en dogme et en système sous le nom de balance du commerce et qui prévaut encore aujourd'hui dans beaucoup d'esprits, donnait une grande importance à ce goût passionné des soieries et à l'insuffisance de la production nationale pour y satisfaire. Henri IV ne fut pas sans doute le premier de nos rois qui tentât d'affranchir notre pays du tribut que notre amour des étoffes de luxe payait à l'étranger, en naturalisant chez nous l'industrie des soieries, mais aucun de ses prédécesseurs n'avait conçu ce projet dans d'aussi vastes proportions et ne l'avait embrassé avec tant d'ardeur.

Nous n'avons pas à remonter aux plantations de mûriers faites en Provence, soit, comme le dit Olivier de Serres, à la suite de l'expédition de Charles VIII en Italie[4], soit plutôt, comme le dit

---

1. *Reigl. gen.*, p. 7. Laffemas, *La façon de faire et semer la graine de meurier...* 1604, in-8°, p. 31.

2. *Recueil de ce qui se passe en l'assemblée du commerce*, 1604, dans Champollion, p. 284-285. Dans sa *Réponse à MM. de Lyon* (p. 3-4), Laffemas estime à sept millions d'écus d'or au moins l'importation tant des soies que des soieries venant d'Italie. Ailleurs (*La commission, édit... du commerce général...* p. 37), il fixe approximativement à 2,500,000 écus la valeur de la soie qui entre annuellement en France. Dans un document officiel, la valeur de la soie étrangère introduite dans notre pays est évaluée à trois ou quatre millions d'écus d'or. Mandement du 7 décembre 1602. Isambert, XV, n° 163. Le Tellier, marchand de soie et auteur de plusieurs ouvrages de sériciculture, ne porte qu'à deux millions d'écus le chiffre de l'importation des soieries étrangères. *Brief discours*, etc. Voy. plus bas sur l'auteur et l'ouvrage.

3. *Chronologie sept.*, p. 64, anno 1599.

4. *Théâtre d'agriculture*, éd. 1804, in-4°, II, 108.

M. de Gasparin[1], par suite des rapports que la domination de la maison d'Anjou à Naples amena entre la Provence et les Deux-Siciles, nous n'avons pas à nous occuper non plus des fabriques établies avant Henri IV à Tours et à Lyon. Il suffira de dire qu'à la fin du xvie siècle, on cultivait le mûrier avec succès non seulement en Provence, mais en Languedoc, dans les Cévennes, dans la principauté d'Orange, dans le comtat Venaissin ; cet arbre bravait même le climat moins chaud de la Touraine, le climat rigoureux de Saint-Chamond et de Saint-Romain dans le Lyonnais. La soie qu'on recueillait dans ces diverses régions ne le cédait pas à celle de l'Italie. Tels étaient, au témoignage de Laffemas[2] et avant que Henri IV s'occupât de la sériciculture, les points assez nombreux et d'une latitude assez différente où elle florissait.

C'est en 1596 que le roi manifesta pour la première fois son intérêt pour l'industrie de la soie. Il fit planter cette année dans le jardin des Tuileries des mûriers de trois ans qui réussirent si bien qu'en 1604 ils paraissaient avoir plus de vingt-cinq ans[3]. Ce fut aussi, on se le rappelle, en 1596 que l'assemblée des notables demanda que le marché français fût fermé aux soieries étrangères, sans savoir si l'industrie nationale était en état de l'approvisionner, sans chercher à lui donner une vigoureuse impulsion[4].

Henri IV tomba dans la même erreur. Les fabricants de soieries de Tours s'étant faits forts de suffire aux besoins des consommateurs, le roi, contrairement à l'avis de Sully[5], se laissa arracher par eux, au mois de janvier 1599, un édit qui prohibait l'entrée des étoffes de soie, d'or et d'argent[6]. Mais ils s'étaient

---

1. *Recueil de mémoires d'agriculture et d'économie rurale. Mûriers, vers à soie*, III, 72-73.

2. *Reiglement general.*

3. Laffemas, *La façon de faire et semer la graine de mûrier*, p. 29.

4. Voy. plus haut, p. 11.

5. *Économies roy.*, IV, 53-54.

6. Isambert, XV, 212. P. Cayet, *Chr. sept.*, 64. J.-A. de Thou, V, 838. Les Lyonnais avaient combattu la prohibition dans des mémoires qui répondaient à ceux des manufacturiers tourangeaux. Non contents de cela, ils envoyèrent au roi des délégués qui lui firent remarquer que la défense de l'importation ferait perdre au trésor 400,000 écus par an. L'infatigable Laffemas prit la plume pour réfuter leurs arguments. Les brochures des deux partis furent soumises aux corporations parisiennes pour avoir leur avis. Cette lutte entre une ville manufacturière et une ville de commerce et de banque autant que de fabriques est digne d'attention. Voy. B. Laffemas, *Response à messieurs de*

abusés ou avaient abusé le roi sur leurs moyens et sur les besoins
du marché français, leur fabrication resta fort au-dessous de la
demande, le prix des soieries haussa d'une façon considérable et
le public se plaignit. Les intérêts des banquiers et des fermiers de
la douane de Lyon, aux revenus de laquelle les soieries italiennes
contribuaient pour une large part, furent atteints. Leurs plaintes,
jointes au mécontentement général, décidèrent le roi, qui se
trouvait alors à Lyon, à rapporter son édit (1600).

Tout en se montrant dès 1596 partisan de la sériciculture, Henri
avait besoin d'être édifié sur la valeur des objections élevées contre
elle, sur la question de savoir jusqu'à quel point le climat de la
France était favorable à la culture du mûrier, à l'élève des vers
à soie. Ce fut Olivier de Serres qui leva ses derniers doutes à cet
égard. Le savant agronome se trouvait à la cour en 1599, c'est
lui-même qui nous l'apprend. Il est permis de croire qu'il y avait
été appelé par le roi pour l'entretenir de cette question, il est certain du moins qu'il le fit. En composant son traité *La cueillette
de la soye par la nourriture des vers qui la font* (1599),
il obéissait à une invitation partie du trône[1]. Dans ce traité il
exhorte l'échevinage parisien à encourager la culture des mûriers
et signale les châteaux royaux de Madrid et de Vincennes comme
pouvant en contenir trois cent mille. Il combat cette idée que la
culture du mûrier et l'élève des vers à soie ne sont possibles que
dans les pays chauds; comme preuve du contraire, il allègue la
soie recueillie à Leyden par les soins de la duchesse d'Arschot,
et il pose en principe que le mûrier peut venir là où vient la
vigne. Il reconnaît seulement que la récolte de la soie est plus
tardive sous un climat froid. Il estime ensuite le produit, la valeur
de la récolte. Un millier de feuilles nourrit une once de graine

Lyon, *lesquels veulent empescher rompre le cours des marchandises d'Italie
avec le préjudice de leurs foires et l'abus aux changes.* Paris, Prevosteau,
1598, in-8°.

1. Dédicace de ce traité qui a été reproduit dans le *Théâtre d'agriculture.*
J.-A. de Thou, VI, 169. Parmi les propagateurs de la sériciculture il ne faut
pas oublier le jardinier nîmois, François Traucat. Voy. son *Discours abrégé
tant sur les vertus et les propriétés des meuriers, tant blancs que noirs, ayant
petites meures blanches et petites noires, qui ont semblables feuilles, propres
à nourrir les vers à soie et aussi propre à servir tant aux corps humains qu'à
faire beaux meubles et ustensiles de mesnage.* Composé par F. T., maistre
jardinier en la ville de Nimes en Languedoc, qui depuis l'an 1564 a planté ou
fait planter es provinces de Languedoc et Provence plus de quatre millions de
meuriers... Dédié au roi. Paris, 1606. Voy. Éloge de Traucat par M. Vincens
Saint-Laurent dans les *Mémoires de la Soc. centrale d'agricult.*, 1817, p. 468.

de vers, chaque once rend cinq ou six livres de soie, dont chacune vaut 2 ou 3 écus au moins. Chaque once rapporte donc au moins 10 ou 12 écus. Quant à la main-d'œuvre, il suffit de cent ou cent vingt journées pour recueillir et transporter dans les magnaneries de quoi nourrir dix onces de graine, et ce travail peut être fait en grande partie par des femmes et des enfants. Le surveillant de la magnanerie sera payé 3 ou 4 écus, outre sa nourriture. Le prix de la graine de vers est insignifiant et doit être compté, avec la construction de la magnanerie, parmi les premiers frais d'établissement, car, bien qu'il soit nécessaire d'acheter chaque année un peu de graine nouvelle pour conserver la qualité de la race, la vente de la graine recueillie par l'éleveur lui permet d'acheter des œufs. L'élève des vers a l'avantage de ne pas détourner des travaux des champs, car c'est avant la récolte, aux mois d'avril et de mai, qu'il convient d'y donner ses soins. O. de Serres déclare que la Picardie, la Normandie, la Bretagne ne sont pas, à l'exception de quelques cantons, favorables à la sériciculture, mais qu'elle convient à la Champagne, à l'Ile-de-France, à la Bourgogne, au Nivernais, au Beaujolais, au Mâconnais, au Lyonnais, au Berry, à l'Orléanais, au Limousin, au Poitou, à la Saintonge, à la Guyenne, à la Gascogne. Il donne ensuite des règles pour l'établissement de la mûreraie, il établit que le ver, nourri de mûrier blanc, donne une soie plus fine que celui qui est nourri de mûrier noir, bien qu'on tire bon parti de la soie plus grossière fournie par celui-ci dans certaines parties de la Lombardie, à Anduze, à Alais, dans d'autres endroits des Cévennes. Il passe ensuite aux conditions dans lesquelles on doit établir la magnanerie, recommande la semence de ver d'Espagne comme la meilleure, en constatant la réputation que celle de Calabre a acquise depuis quelques années à cause de sa fécondité, puis il s'occupe successivement de l'éclosion des vers, de la formation et du dévidage des cocons.

L'année qui suivit la publication de la *Cueillette de la soye*, O. de Serres et le sieur de Bordeaux, baron de Colonces, surintendant général des jardins de France, furent chargés de recueillir en Provence, en Languedoc et en Vivarais, des plants de mûrier pour les jardins royaux[1]. Au commencement de 1601, O. de Serres put en envoyer à Paris quinze à vingt mille pieds. Ils furent plantés aux Tuileries, dans le parc de Madrid[2] et à Fon-

1. *Théâtre d'agriculture*, II, 108.
2. P. Cayet, *Chronologie septenaire*, anno 1603, II, 259.

tainebleau[1]. Ceux du jardin des Tuileries réussirent si bien qu'au bout de deux ans et demi ils dépassaient la taille humaine la plus élevée. Des magnaneries furent construites dans ces trois résidences royales, sous la direction du lucquois Manfredi Balbani, qui s'était chargé de faire venir de Genève des personnes propres à diriger les plantations[2]. En 1603 l'orangerie des Tuileries fut transformée en magnanerie pour y faire éclore la graine de ver à soie que le roi avait fait venir d'Espagne[3]. La magnanerie qui y existait déjà contenait un atelier pour les premières préparations de la soie[4]. Au château de Madrid on ne se livrait pas non plus exclusivement à l'élève des vers, mais aussi au moulinage, à l'organsinage de la soie[5]. En 1602 Paris reçut du Languedoc soixante mille mûriers qui, replantés par les Parisiens dans leurs jardins, reprirent bien[6]. Laffemas, qui nous l'apprend, ajoute qu'après avoir comparé les soies recueillies à Paris aux meilleures soies italiennes, à celles de Sainte-Lucie en Sicile, de Bassano, de Bologne, on constata que quinze onces de soie française valaient dix-huit onces de soie italienne[7]. Or Laffemas devait être mieux informé que J. A. de Thou qui prétend que le climat des environs de Paris compromit le succès de ces tentatives[8].

Henri IV invita la commission nommée le 13 avril 1601 pour s'occuper des questions industrielles et commerciales, à délibérer sur les moyens les plus propres à doter la France de la sériciculture et de l'industrie des soieries. La commission passa deux contrats, l'un le 20 août, l'autre le 14 octobre 1602, pour la fourniture de plants et de graine de mûrier, ainsi que de semence de vers, dans les quatre généralités de Tours, de Lyon, de Paris et d'Orléans. La principale différence qui distingue ces contrats, c'est que le

---

1. *Économies royales*, anno 1605.

2. J.-A. de Thou, VI, 169. *Théâtre d'agriculture*, II, 111. *Recueil de ce qui se passe en l'assemblée du commerce*, dans Champollion, p. 285. *Lettres miss.*, V, 206.

3. *Lettres miss.*, VI, 63.

4. *Théâtre d'agriculture. Ubi supra.*

5. P. Cayet, *Chronologie sept.*, II, 259.

6. B. Laffemas, *La preuve du plant et proffit des meuriers*. Paris, Pautonnier, 1603, p. 13.

7. *Ibid.*, art. 5.

8. VI, 169. « Nous avons recogneu en ces trois dernières années, écrit Le Tellier en 1602 dans la dédicace à Mme de Rosny de son *Discours contenant la maniere de nourrir les vers à soye et la tirer avec figures et interpretations d'icelles*, que les soyes faictes en France sont plus belles et plus fines que les estrangeres. »

premier fixe le bénéfice des entrepreneurs pour la fourniture des quatre généralités à 13 écus, soit 39 livres par paroisse, tandis que le second leur accorde une rétribution en bloc de 120,000 livres[1]. Ce dernier stipulait que l'année suivante (1603) quatre autres généralités seraient approvisionnées de plant, de graine et de semence et qu'en 1604 toutes les généralités seraient mises en état de cultiver le mûrier et d'élever des vers à soie. En même temps que du plant, de la graine et de la semence, les deux entrepreneurs devaient distribuer des instructions et envoyer dans chaque élection, un an après la plantation, des personnes capables de guider la population. Ce contrat était passé pour six ans[2]. Le projet en fut approuvé par un arrêt du conseil du 4 octobre 1602[3] et il fut conclu le 14, ainsi que nous l'avons dit. Homologué par lettres patentes le 23 du même mois, il ne lui manquait rien pour être exécuté, lorsque les objections du sieur de Bordeaux, intendant général des jardins du roi, en firent surseoir l'exécution. Ces objections, que nous fait connaître le rapport du sieur du Lys, délégué par la commission pour les discuter et faire accepter le contrat, furent appuyées par Sully, qui y joignit les siennes. Mais le délégué de la commission, assisté d'un des entrepreneurs, en triompha et fit adopter le contrat par le Conseil. On y ajouta seulement une clause qui donnait satisfaction à la première objection du sieur de Bordeaux, en obligeant les entrepreneurs à créer des pépinières de mûrier blanc dans les quatre généralités, pour remplacer gratuitement les plants distribués aux propriétaires et morts sans leur faute[4]. Un mandement royal du 7 décembre 1602 adressé aux élus régla l'exécution du contrat. Voici les mesures qu'il prescrivait. Les élus répartiront entre les paroisses de leur élection, à l'exception de celles où, pour des causes diverses, la culture du mûrier ne peut pas réussir, du plant de deux à trois ans et de la graine pour faire pépinière, plant et graine qui seront fournis par les entrepreneurs, conformément au contrat passé avec eux. Les communautés déclareront au greffe de leur élection le nombre, l'âge, la grosseur des mûriers existant déjà dans la paroisse, afin que les entrepreneurs puissent leur procurer des

1. Procès-verbaux dans Champollion, p. 10-23.
2. *Ibid.*
3. Procès-verbaux dans Champollion, p. 23. Cf. Lettres patentes de ratification du 23 octobre, p. 27.
4. Addition faite le 3 décembre au contrat du 14 octobre 1602. Procès-verbaux, p. 44.

œufs en proportion des moyens que la paroisse offre pour les nourrir (art. 1). Avec le plant, la graine et les œufs fournis par les entrepreneurs à raison de 7 liv. 10 s. pour le cent de mûriers, une pépinière, une mûreraie et une magnanerie seront établies dans chaque paroisse, soit par la communauté, soit par certains habitants, soit par le seigneur du lieu qui ne dérogera pas en le faisant. Les entrepreneurs distribueront en même temps des instructions imprimées sur la culture du mûrier, l'élève des vers, le dévidage des cocons. Les communautés ou ceux qui dans chaque paroisse auront fait les frais d'établissement de la pépinière, de la mûreraie et de la magnanerie vendront des mûriers blancs à tous ceux qui en voudront acheter (art. 2, 3, 4, 6). La distribution de la graine, du plant et des œufs se fera du 1er au 8 avril 1603 en présence d'un commis de Laffemas (art. 3). A partir du 1er avril il sera envoyé dans chaque élection un ou plusieurs experts qui y résideront trois mois au moins pour apprendre aux habitants la culture du mûrier et l'élève des vers et pour acheter, à raison de 9 fr. la livre, la soie recueillie la première année (art. 5). Pendant cette première année, les propriétaires de mûriers laisseront prendre gratuitement les feuilles par les personnes qui dans chaque paroisse entreprendront l'élève des vers.

Le contrat passé avec les entrepreneurs et le mandement qui en réglait l'exécution étaient bien conçus pour le succès de l'entreprise. Distribution à bas prix du plant, de la graine et des œufs, débit assuré de la soie qui était achetée par les entrepreneurs ou par l'État, direction de gens experts, tout se réunissait pour lui assurer la faveur de la population. Malheureusement les entrepreneurs n'apportèrent pas d'exactitude dans l'exécution de leurs engagements. Ils auraient dû fournir le plant et la graine dans les trois derniers mois de 1602 ou, au plus tard, aux mois de février et de mars de l'année suivante. Au mois d'avril 1603, le plant et la graine n'étaient pas encore arrivés et, la saison étant passée, les mûriers ne pouvaient être semés ou plantés qu'au printemps de l'année suivante. C'était une année de perdue. Le roi se plaignit de ce retard à la commission[1]. Il n'est donc pas exact de dire, comme le fait M. Poirson[2], que la distribution du plant, de la graine et des œufs eut lieu du 1er au 8 avril 1603. C'est là ce qui était stipulé par le contrat, mais c'est ce qui ne se fit pas.

1. Procès-verbaux, p. 86.
2. III, 270.

Il y eut d'autres mécomptes. Les cultivateurs ne montrèrent aucun empressement à acheter du plant et des œufs[1]. Dans l'élection de Blois, par exemple, les entrepreneurs ne purent distribuer que six onces d'œufs[2]. Les propriétaires de mûriers ne voulurent pas laisser prendre les feuilles gratuitement. Aussi les vers éclos en 1603 manquèrent de nourriture et périrent[3]. La commission essaya vainement d'obtenir des lettres patentes pour vaincre la résistance des propriétaires, le chancelier objecta le droit de propriété et conseilla d'employer la persuasion[4]. Et pourtant ce que la commission demandait, c'était simplement l'application de l'art. 7 du mandement du 7 décembre 1602, article qui enjoignait aux propriétaires, à peine de 30 livres d'amende, de laisser cueillir les feuilles de leurs mûriers pendant la première année pour approvisionner la magnanerie créée dans chaque paroisse. Il semble résulter d'une déclaration royale du 24 mars 1603, dont nous n'avons pas retrouvé le texte, que ceux qui s'étaient chargés d'établir dans leur paroisse une pépinière, une mûreraie et une magnanerie avaient essayé d'imposer aux paysans l'achat de plant, de graine et d'œufs, car cette déclaration les affranchit de cette obligation. Malheureusement elle eut pour effet de désintéresser de l'entreprise les élus qui se considérèrent comme dispensés de la diriger[5].

Bien que les experts envoyés dans les quatre généralités de Paris, d'Orléans, de Tours et de Lyon pour diriger les plantations eussent déclaré à leur retour qu'elles pouvaient réussir[6], la mortalité des vers à soie en 1603 semblait donner raison aux adversaires de l'entreprise. Le champion le plus ardent de la sériciculture, Laffemas combattit dans une brochure[7] les conséquences défavorables qu'on tirait de cet accident. Selon lui, le climat n'est

----

1. Procès-verbaux. Séance du 11 avril 1603. P. 80.

2. Procès-verbaux, p. 101.

3. *Ibid.* Séance du 27 mai 1603. P. 95.

4. Séances du 11 avril et du 27 mai 1603. P. 80 et 95.

5. Procès-verbaux, p. 87.

6. Le Tellier, *Brief discours contenant la maniere de nourrir les vers à soye.* Paris, 1602, in-fol. *Mem. et instructions pour l'etablissement des meuriers,* etc. Paris, 1603, in-4°.

7. *Le plaisir de la noblesse et autres qui ont des eritages aux champs sur la preuve certaine et profict des estauffes et soyes qui se font à Paris et les magazins qui seront aux provinces.* In-8°, 1603. Réimprimé dans les *Variétés hist. et litt.,* VII, 303.

pour rien dans la mortalité des vers; elle tient à ce qu'on ne les a pas fait éclore de bonne heure et à ce qu'on n'a pu leur donner autant de feuilles qu'il leur en fallait. Les vers ayant éclos tardivement, les feuilles qu'on leur a données n'étaient plus assez tendres et la chaleur était trop grande. Les propriétaires de magnaneries qui ont pris soin de les faire éclore plus tôt ont recueilli de la soie. Par exemple, les vers élevés dans l'hôtel de Retz à Paris ont fourni en 1603 dix-huit livres de soie, qui ont donné un bénéfice net de 64 écus[1].

Il s'agissait maintenant de régler l'exécution du contrat pour l'année 1604. On se rappelle que, dans les intentions des contractants, la première partie de l'entreprise devant être réalisée à la fin de 1602 ou au commencement de 1603, la sériciculture devait être introduite en 1603 dans quatre généralités nouvelles et en 1604 dans tout le royaume. Ce plan n'avait pas été exécuté, puisque en 1603 la plantation des mûriers et l'élève des vers n'avaient été essayées que dans les quatre généralités de Paris, de Tours, d'Orléans et de Lyon et que le succès n'avait guère été obtenu que dans la seconde[2]. Il fallait désigner maintenant les quatre généralités où l'expérience serait continuée, non plus en 1603, comme le portait le contrat, mais en 1604. La commission du commerce mit quelque lenteur à faire ce choix. Le 29 août 1603, les entrepreneurs lui firent sommation d'y procéder et de leur payer 30,000 livres, montant des deux quartiers qui leur étaient dus sur les 120,000 à eux promises[3]. Le 10 octobre, nouvelle sommation[4]. Le conseil du roi décida que, l'année suivante, la sériciculture ne serait introduite que dans la généralité de Poitiers et que la somme allouée à l'entrepreneur serait de 20,000 liv. tourn. Le plan primitif, on le voit, était singulièrement réduit, on renonçait, au moins pour le moment, à généraliser la production de la soie. Quelles étaient les causes de ce recul? Pourquoi le gouvernement ramenait-il à des proportions beaucoup plus

---

1. P. 308-310.

2. Sur les achats de graine et de plant par l'échevinage de Tours et la propagation de la culture du mûrier sur les remparts de la ville et ailleurs, voy. le mémoire de M. Champoiseau, *Congrès scientifique de France*, XV° session, tome I°', et les délibérations du corps de ville, notamment à la date du 6 déc. 1603 et de mars 1604, aux archives municipales.

3. Procès-verbaux, p. 117-118.

4. *Ibid.*, p. 125.

modestes une entreprise si largement conçue ? Bien que Laffemas nous représente le roi comme très satisfait des soies recueillies en 1603[1], c'est probablement par les mécomptes de cette année que s'explique cet abandon du plan originel. A une nouvelle sommation des entrepreneurs la commission répondit que l'intention du roi était de résilier le contrat et de restreindre l'entreprise au Poitou pendant l'année 1604[2]. Le 23 décembre 1603, elle passa un contrat avec deux bourgeois de Paris, Jean Le Tellier[3] et Hugues Cosnier pour l'introduction de la sériciculture dans cette province. Les deux entrepreneurs s'engagèrent à fournir cent mille mûriers blancs de deux ans et de deux à trois pieds, cent vingt-cinq livres de graine, deux cents onces d'œufs et deux mille exemplaires d'instructions, moyennant la somme de 18,000 livres[4]. Ils avaient besoin, pour exécuter le contrat, de l'agrément de Sully, gouverneur du Poitou ; le surintendant, qui était revenu de ses préventions contre l'industrie de la soie et qui manifestait l'intention de planter des mûriers à Rosny et à Sully[5], la leur accorda[6]. Mais cette fois encore l'entreprise se heurta à l'esprit routinier des paysans. Ceux du Poitou, occupés aux salines, refusèrent le plant, la graine et les œufs, les entrepreneurs ne purent en faire prendre que par les gentilshommes[7].

Cependant l'initiative privée essayait d'introduire la sériciculture en Normandie. En 1604, Charles Benoît, maître passementier et moulinier en soie, et le languedocien Isaac Mayaffre, établis à Rouen, présentèrent au roi des échantillons de la soie provenant de leurs magnaneries. Henri IV en fut satisfait et, sur leur requête, demanda au Parlement de Rouen de faire mettre à leur disposition par l'échevinage pour une période de vingt ans la maison du *Bœuf couronné*, sise rue Saint-Vivien, qui était une propriété municipale[8]. L'échevinage esquiva cette demande et les deux associés ne trouvèrent pas plus d'appui auprès du Parlement, lorsqu'ils s'adressèrent à lui pour contraindre les proprié-

---

1. *Le plaisir de la noblesse*, p. 313.
2. Séance du 28 novembre 1603. Procès-verbaux, p. 133.
3. Marchand de soie et auteur du *Brief discours* et des *Mémoires et instructions* précités.
4. Procès-verbaux, p. 175-180.
5. Dédicace du *Brief discours* à Mme de Rosni.
6. Procès-verbaux, p. 129.
7. *Ibid.*, p. 191.
8. Mandement au parlement de Rouen du 23 août 1604. *Lettres miss.*, VI, 284.

taires de mûriers à leur vendre à prix taxé les feuilles nécessaires à la nourriture des vers. Un arrêt du 15 juin 1605 leur permit seulement de s'entendre avec les propriétaires, ce qu'ils avaient vainement essayé de faire précédemment. L'entreprise, si peu secondée par les autorités locales, échoua au bout de quatre ans[1].

On ignore l'issue d'un autre essai fait en Normandie en exécution du plan général conçu par Henri IV. Il s'agit d'une pépinière créée à Darnetal par un Flamand, Jean Van der Veken, et pour l'entretien de laquelle il s'adjoignit un Nîmois, Simon Legal, qui sema deux cent quatre-vingt-cinq mille pepins de mûriers blancs[2].

Le roi essaya de gagner pour son entreprise la faveur et l'appui du clergé, qui pouvait être un auxiliaire si précieux, tant comme propriétaire d'une grande partie du sol qu'à cause de son influence sur la population agricole. Il ménagea entre les députés de l'ordre et les entrepreneurs une convention pour la fourniture de plant et de semis aux bénéficiers. Il obtint des députés généraux du bureau de Paris un mandement (déc. 1605) enjoignant aux évêques du ressort du bureau de faire semer et planter par les bénéficiers et communautés de leurs diocèses respectifs le plant et la graine que comportait l'étendue de leurs propriétés. Plusieurs évêques avaient obéi avec empressement à ce mandement et déterminé la part dans laquelle le clergé de leur diocèse devait contribuer à la propagation de cette culture. Mais l'heureux effet de ce mandement fut compromis par un second qui déclarait que le précédent n'avait aucun caractère obligatoire, et qui encouragea le mauvais vouloir et la résistance. Pour en triompher, le roi ordonna la création d'une pépinière de cinquante mille mûriers blancs au moins dans chaque diocèse par les soins et aux frais des entrepreneurs qui vendraient, principalement aux ecclésiastiques, de la graine et du plant. Ils devaient jouir d'une indemnité d'un sol par mûrier tout planté et du monopôle de la vente[3]. Le roi chercha à stimuler le zèle de l'assemblée du clergé en faveur de l'entreprise, mais, dans la réponse faite à ses exhortations par l'archevêque de Sens, président de l'assemblée, on sent percer, sous les protestations de seconder son dessein, les préven-

1. Gosselin, *Documents authentiques et inédits pour servir à l'histoire de la marine normande et du commerce rouennais*. Rouen, in-8°, p. 116-120.

2. *Ibid.*, p. 120-121.

3. Déclaration du 16 nov. 1605. Fontanon, I, 1051.

tions de l'ordre contre une culture destinée à alimenter un luxe contraire aux idées et aux devoirs du ministère évangélique[1].

En s'efforçant de développer la culture du mûrier et l'élève des vers à soie, Henri IV voulait rendre plus abondante et moins coûteuse la matière première qui sert à la fabrication des soieries, il n'aurait donc accompli que la moitié de sa tâche s'il n'avait pas cherché en même temps à augmenter la production de ces tissus en créant de nouvelles manufactures, en donnant plus d'extension aux anciennes. Il ne voulait pas seulement que la France fabriquât toutes les étoffes de soie nécessaires à sa consommation, il espérait, ainsi qu'il le déclarait à l'ambassadeur d'Angleterre[2], qu'elle fournirait aux besoins de l'Angleterre, des Pays-Bas, du Danemark, des pays de la Baltique. Dès 1602 il existait à Paris une manufacture de soieries dont Sainctot était le principal directeur[3]. Une autre, fondée dans la même ville sous le patronage du roi par Noël Parent et ses frères, n'eut pas des débuts heureux. Les fabricants furent condamnés par sentence du Châtelet à vider leur atelier, situé près du Temple, pour n'avoir pas payé leur loyer. Sur leur requête, la commission du commerce, au mois de février 1603, délégua deux de ses membres pour dresser inventaire des métiers et du matériel et pour mettre le tout sous séquestre[4]. Cet insuccès ne découragea pas le roi. La même année, au mois d'août, il prenait sous sa protection la manufacture de Sainctot, auquel il associait Jean de Moisset, contrôleur de l'artillerie, des menus et affaires de la Chambre, Lumague, N. Camus[5], C. Parfait et Edouard Colbert, et gratifiait leur association de grands privilèges. Les affaires de la société devaient comprendre le tissage des étoffes unies et façonnées, ainsi que le battage et la fabrication du fil d'or et d'argent façon de Milan. Le roi accordait aux associés la qualité de commensaux de sa maison, les anoblissait, leur assurait pendant douze ans le monopole de la

1. Procès-verbal de l'assemblée du clergé tenue du 27 juillet 1605 au 24 avril 1606. *Collection des procès-verbaux des assemblées générales du clergé*, in-fol., 1767, I, p. 765.

2. Sir George Carew's, *A Relation of the state of France ..... drawn up by sir George Carew upon his return from his embassy there in 1609 and adressed to King James I* dans Th. Birch, *An historical view of the negotiations between the courts of England, France and Brussels from 1592 to 1617. In-8°.* London, p. 431.

3. Procès-verbaux, p. 109.

4. *Ibid.*, p. 68-69.

5. Sur Nicolas Camus ou Le Camus voy. O'Reilly, *Mémoires sur la vie publique et privée de Claude Pellot*, I, p. 137-138. In-8°. Champion.

fabrication des soieries à Paris et celui de la fabrication de l'or et de l'argent filé dans tout le royaume, exemptait leurs ouvriers étrangers du droit d'aubaine et conférait à tous ceux qui auraient travaillé chez eux pendant un certain nombre d'années le privilège de s'établir sans faire de chef-d'œuvre ni prendre de lettres de maîtrise, sur la simple production d'un certificat délivré par eux. En outre il leur faisait un prêt de 180,000 livres sans intérêt et avec faculté de n'en rembourser au bout de douze ans que 150,000, en d'autres termes il leur faisait don de 30,000 livres. Il conservait cependant à Devieux dit Mercuri, son valet de chambre parfumeur, et à ses associés, le droit de fabriquer de l'or et de l'argent filé, ainsi que des soieries rehaussées d'or et d'argent, mais à condition de recevoir la soie des concessionnaires et de faire marquer par ceux-ci leurs marchandises[1]. Le 23 février 1604, Sainctot, Moisset et consorts s'associèrent un tireur d'or milanais, Jean-André Turato. L'année précédente, Turato avait obtenu, sur la proposition de la commission du commerce, 3,000 livres pour ses frais de premier établissement, une pension annuelle de 1,200 livres et le monopole de l'or filé façon de Milan pendant dix ans, à charge d'apprendre son art à des Français[2]. Il était établi à l'hôtel de la Maque, rue de la Tixeranderie. La commission du commerce, saisie par arrêt du conseil du 4 septembre 1604 du conflit pendant entre lui et Mercuri[3], exprima l'avis que défense fût faite à celui-ci de faire concurrence au premier jusqu'à ce que l'édit d'août 1603 rendu en faveur de Sainctot et de ses associés, déjà enregistré par le Parlement et la Chambre des comptes, le fût également par la Cour des aides et la Cour des monnaies[4].

S'il fallait en croire P. Cayet[5], l'industrie exercée à la Maque n'aurait pas consisté seulement dans la fabrication du fil d'or et d'argent, Turato aurait fait aussi des brocarts, des soieries rehaussées d'or et d'argent, des satins, des damas historiés. Ces riches

---

1. Édit d'août 1603. Isambert, XV, n° 168.

2. Procès-verbaux, p. 34, 43-44, 51-53, 65. Arrêt du conseil d'État du 15 fév. 1603. Arch. nat., Coll. des arrêts du Conseil, à la date.

3. Turato rencontra un autre concurrent dans un de ses compatriotes nommé Gerome Gerôsmes (*sic*). Le Conseil, ayant à juger leur différend, les soumit à une sorte de concours, dont nous ignorons le résultat. Arrêt du 16 mars 1603. Coll. des arrêts du Conseil. Arch. nat., à la date.

4. Séance du 5 octobre 1604, dans Procès-verbaux, p. 261.

5. *Chronologie sept.*, p. 259, à l'année 1603.

étoffes, dont P. Cayet parle en homme qui les a vues, bien qu'il en attribue la fabrication à Dubout, c'est-à-dire à un tapissier de haute lisse établi au Louvre[1], il avait pu les admirer à la Maque, mais il a antidaté ses souvenirs d'un an en les rapportant à l'année 1603, car les étoffes en question ne pouvaient être que le produit de la collaboration de Sainctot et de Turato, qui ne se produisit que par suite de l'association formée entre eux le 23 février 1604. Le batteur d'or milanais ne faisait, aux termes mêmes de son privilège du 15 février 1603, que fabriquer le fil d'or et d'argent que Sainctot et ses associés mettaient ensuite en œuvre dans leurs tissus. Du reste, leur association avec Turato fut rompue à une date que nous ne pouvons préciser, mais qui est antérieure au 28 février 1606. A cette époque, Turato prétendait empêcher ses anciens associés de fabriquer du fil d'or et d'argent façon de Milan, mais le conseil du roi lui donna tort et déclara que ceux-ci pouvaient se livrer par eux-mêmes à cette fabrication[2]. La liquidation de la société formée entre Sainctot et Turato n'était pas encore terminée en 1607, car le 15 mars de cette année, le conseil du roi condamnait ce dernier à rendre compte de sa gestion devant des arbitres[3].

La manufacture de soieries et de brocarts de Sainctot fut l'objet de la sollicitude constante de Henri IV. Ici, comme dans beaucoup de ses entreprises, il eut à lutter contre le formalisme des gens de robe. Le chancelier fit des difficultés pour expédier les lettres octroyant aux directeurs de la fabrique la subvention de 60,000 écus qui leur avait été promise, et ceux-ci menacèrent de se retirer. Le roi assigna d'abord ces 60,000 écus sur le produit des aubaines[4]. Sainctot et ses associés se portèrent adjudicataires pour huit ans d'une partie de la ferme du sel et obtinrent du roi la préférence sur leurs concurrents, à offres égales. S'il se produisait des offres plus avantageuses, la subvention devait être assignée sur le prix du bail[5]. En 1607, Henri écrit au président du Vair de lui envoyer pour sa manufacture d'étoffes de soie et d'or un Espagnol et ses deux compagnons qui excellent dans le travail de ces étoffes, tel qu'il se fait au Levant, et qui, après avoir habité

1. Voy. plus bas.
2. Arrêt du 28 février 1606. Bibl. nat. fr. 18170, à la date.
3. Collection des arrêts du Conseil, à la date. Arch. nat.
4. *Lettres miss.*, IX, 48, 50.
5. Lettre de Henri IV à Sully, 1er mai [1604]. *Économies royales*, VII, 72-73.

Constantinople, se trouvent maintenant à Marseille[1]. Il fit construire, place Royale, pour y installer les ateliers de Sainctot, un bâtiment qui, commencé en 1604, était achevé en 1606[2].

Il s'occupait en même temps à créer des manufactures ailleurs qu'à Paris. Au moment où il partait pour la campagne de Savoie (juin 1600), B. Laffemas lui présenta Noël Parent qui se faisait fort de fabriquer des crêpes aussi bien qu'à Bologne, ainsi que tous les genres de soieries où excellait l'Italie[3]. Le 27 mai 1603, un ancien fabricant de soieries de Lyon, nommé de la Vialle, proposa à la commission, de l'aveu de Sully, de fonder cette industrie à Mantes dont le surintendant avait le gouvernement[4]. L'année suivante, le roi s'y rendit avec toute la cour, fit planter dans toute l'étendue du bailliage, sous la direction d'Olivier de Serres, un nombre considérable de mûriers blancs et établit dans le château deux moulins et vingt métiers pour la fabrication des crêpes fins, façon de Bologne[5]. Cette manufacture fut dirigée par Noël Parent et par ses frères qui, plus heureux qu'à Paris[6], réussirent à égaler les crêpes de Bologne, à créer cette industrie en France et même à faire avec une égale perfection toute espèce de soieries[7].

---

1. *Lettres miss.*, VII, 438.

2. P. Cayet, *Chron. sept.*, II, 283. Procès-verbaux des assemblées du clergé, I, p. 765. I. Laffemas, *Hist. du commerce*, p. 413, 414. Sur la manufacture de Sainctot voy. encore la relation de Carew dans Birch, p. 434. J.-A. de Thou, VI, 170, la déclaration royale d'avril 1605 contenant don aux entrepreneurs des manufactures de soie, or et argent filé à la façon de Milan, de 6,000 toises de terre dans le parc des Tournelles. Reg. du Conseil. Bibl. nat. fr. 18174, fol. viii^{xx}v, des lettres patentes du 28 sept. 1604 autorisant le sieur Colbert à quitter l'association (Reg. du Parlement), et un arrêt du Conseil du 10 mars 1607 ordonnant au trésorier de l'Épargne d'assigner annuellement aux entrepreneurs 3,000 livres sur le bail des cartes. Arrêts du Conseil, à la date. Henri IV voulait concentrer sur l'emplacement du palais des Tournelles les industries de luxe qu'il cherchait à créer en France. Procès-verbaux, p. 212. Sully avait un projet différent sur l'affectation de ces terrains. *Écon. roy.*, VI, 336-337. Ce fut l'industrie des soieries à ramages qui donna naissance au Jardin des Plantes. Un horticulteur, Jean Robin, eut l'idée de créer un jardin fleuriste pour fournir des modèles aux brodeurs et aux tisserands de soie, et ce fut ce jardin, né des besoins de la mode, qui fut destiné plus tard à l'étude de la botanique et de la médecine. Quicherat, *Hist. du costume*, p. 444.

3. Laffemas, *Le naturel et profit admirable du meurier...* Paris, 1604, p. 16.

4. Procès-verbaux, p. 95.

5. Moutié, *Mantes, histoire, monuments, environs.* In-8°, 1852, p. 56-57. Procès-verbaux, p. 239.

6. Voy. plus haut.

7. Laffemas, *ubi supra*, p. 16-17. Procès-verbaux, p. 280-281.

La commission sollicita en sa faveur les priviléges de commensal du roi et des gages fixes, et il reçut une subvention de 3,000 livres pour frais de premier établissement[1].

C'est encore un membre de la même famille, Etienne Parent, qu'on trouve à la tête de l'industrie des satins de Bruges et damas cafards[2] qui s'introduisait à Troyes à la même époque. En 1604 il écrivait à Laffemas qu'il avait commandé deux cents métiers livrables à la Saint-Rémi[3], et son associé, Jean Sellier, présentait des échantillons[4] à la commission du commerce. Le 15 août de la même année, le roi accordait à celui-ci un monopole de vingt ans[5]. La commission proposa de conférer des lettres de noblesse à lui et à deux de ses associés et de gratifier ses deux principaux ouvriers de lettres de naturalité, s'ils étaient étrangers, et de l'exemption d'impôts, s'ils étaient Français. Outre le monopole de la fabrication en France, l'impétrant devait être protégé contre la concurrence étrangère par la prohibition des soieries de ce genre, aussitôt qu'il serait en mesure de pourvoir à la consommation nationale. Il s'engageait de son côté à faire battre le plus tôt possible trois ou quatre cents métiers, à employer autant d'ouvriers français qu'il pourrait et à n'apprendre le métier qu'à des Français[6]. En 1604 ou 1605[7], le roi priait Sully de faire payer au même entrepreneur 3,047 écus que celui-ci était venu réclamer à Paris pour les frais de son entreprise et qui, d'après les pièces par lui fournies, lui étaient bien réellement dus.

La commission du commerce proposa d'accepter les offres du s[r] de Barthélemy, contrôleur des traites à Arles, pour propager en Provence la culture du mûrier et y créer des manufactures d'étoffes et notamment de soieries et de brocarts à l'imitation des tissus qui se fabriquaient en Italie, en Espagne et en Orient.

---

1. Procès-verbaux, *ibid.* Arrêts du Conseil du 10 mars 1607, du 27 mars 1608 et du 17 février 1609. Bibl. nat. fr. 18173. P. Cayet, *Chronologie sept.*, p. 284, année 1604.

2. Damas mêlés de soie et de fleuret.

3. Procès-verbaux, p. 226-227.

4. *Ibid.*, 229.

5. *Ibid.*, 232.

6. Séance du 21 août 1604. Procès-verbaux, p. 234-237.

7. Ce qui nous porte à préférer la date de 1604 à celle de 1605 que l'éditeur des *Lettres missives* a assignée à la lettre du 25 mai, c'est qu'Ét. Parent annonce à Laffemas, le 1er août 1604, la prochaine arrivée de Le Sellier. *Ibid.*, p. 226-227.

Voici en substance le projet de traité proposé par la commission. Barthélemy fournira la province de plant et de graine de mûriers blancs qui lui seront payés par les localités à raison de 100 s. le cent de mûriers et de 4 livres la livre de graine. Une commission, composée du premier président du parlement d'Aix, d'un président de la Chambre des comptes et de ceux que ces deux magistrats s'adjoindront, réglera la distribution du plant et de la graine, ainsi que les moyens d'en recouvrer le prix sur les habitants. Barthélemy établira dans la province dix-huit ateliers, six à Aix, six à Arles et six à Marseille, pour fabriquer les étoffes en question et obtiendra un privilège de huit ans pour les étoffes façon d'Italie et de douze ans pour les étoffes façon du Levant. Ce monopole ne préjudiciera pas aux droits des industriels qui sont en possession. Les apprentis qui seront, autant que possible, des Français, resteront quatre ans en apprentissage et ne pourront s'établir que deux ans après en être sortis. Les ouvriers étrangers deviendront Français en vertu d'une simple déclaration délivrée sans frais. Ils seront, comme les ouvriers regnicoles, exempts de toute charge personnelle tant qu'ils n'abandonneront pas le métier. Les apprentis n'auront besoin pour s'établir que d'un certificat de l'entrepreneur. Les soies pourront être tirées d'Italie, en attendant que le royaume en produise en assez grande quantité. Barthélemy deviendra de contrôleur des traites d'Arles contrôleur général des traites de la province, il sera anobli, ainsi que trois de ses associés[1]. Ce projet de traité fut présenté au Conseil et en 1604 il n'attendait plus que l'homologation royale.

Les bas de soie nous venaient de l'étranger. Nos ancêtres, d'après Laffemas, en usaient quatre paires par an dont chacune leur coûtait quatre écus[2]. La commission du commerce, qui n'accueillait pas seulement les propositions des inventeurs et des industriels, mais qui prenait aussi l'initiative des mesures propres à doter la France d'industries nouvelles, voulut y introduire la fabrication des bas de soie et de laine. Elle ne trouva pas de moyen plus efficace pour cela que de permettre à tout le monde de s'y livrer, sous certaines garanties[3].

Les efforts de Henri IV pour créer de nouveaux centres de pro-

---

1. Séance du 27 juillet 1604. Procès-verbaux, p. 214-219.
2. *Reiglement general...*, p. 8.
3. Séance du 4 mai 1604. Procès-verbaux, p. 185-188.

duction ne lui faisaient pas oublier ceux qui existaient déjà. En accordant aux fabricants tourangeaux, sous l'empire d'une illusion qui ne tarda pas à se dissiper[1], la prohibition des soieries étrangères, il les avait autorisés par une conséquence naturelle à fabriquer tous les articles que la France tirait des pays voisins. Plusieurs d'entre eux abusèrent de cette autorisation pour employer dans le tissage de certains velours de la soie écrue, prétendant qu'ils ne faisaient en cela qu'imiter ce qui se pratiquait en Italie. Ils réussirent même à convaincre leurs confrères et les gardes-jurés de la corporation de la supériorité de la soie écrue sur la soie cuite ou à obtenir subrepticement leur approbation[2]. Mais le roi, éclairé par les représentations des fabricants tourangeaux mieux avisés et par le témoignage des manufacturiers de Paris, revint sur cette dérogation aux anciens règlements de fabrique et défendit l'emploi de la soie qui ne serait pas bien cuite, décrusée, blanchie et teinte[3].

1. Voy. plus haut.

2. Voy. la délibération du corps de ville rapportée par M. Champoiseau dans son mémoire sur l'industrie séricicole en Touraine. *Loc. cit.*

3. Henry... à... nostre cour de parlement à P... Les m^es juréz et particulliers ouvriers en draps d'or, d'argent et de soye de... Tours nous ont faict remonstrer que feu le roi Loïs unziesme... auroict fait venir en ce royaume quelques ouvriers du pays d'Italie, desquels il auroict estably la residance en lad. ville de Tours, affin de faire les ouvraiges de draps d'or, d'argent et de soye auparavant inusités en France et l'apprendre à ses subjects... les auroit honorés de plusieurs grandz privilleges, et reiglé led. mestier [par] plusieurs statuts, par lesquels il est porté entre autres choses que nul m^e dud. mestier ne pourra emploier aucune soye qu'elle ne soict premierement cuitte, blanchie et teinte en bonne tainture, sur peine de perdre la soye et les ouvraiges qui en seroient faictz, lequel reiglement auroict esté gardé par les exposans... et toutes les fois que se seront trouvé des contraventions ausd. statuz elles ayent esté reparées et corrigées par le bailly de Touraine et par arrests de nostred. court, en sorte que plusieurs fois des draps où il s'est trouvé de la soye creue ont esté confisquéz et quelquefois bruslés publicquement et les *delinquans condamnés* en plusieurs grandes amendes, touteffois depuis par notre edit du mois de janvier mil cinq cens quatre-vingt-dix-neuf nous avons permis de faire par tout nostre royaume toute sorte de draps d'or, d'argent et de soye qui se font à Milan, Gennes, Lucques, Florence et autres villes d'Italie, et touteffois quelques ouvriers particullier dud. mestier se sont licentiés de contrevenir aud. reiglement, soubz prétexte qu'ilz voulloient faire croire que les velours à la grice qui se font à *Milan et autres lieux d'Italie ne sont point entièrement de soye* cuitte et blanchie, tellement que quelques ungs d'entre eulx ont faict la thoille et tresme dud. velours à la grice de soye qui n'est pas cuitte, suivant led. reiglement, et, pour se garantir des saisies que les exposans ont faict faire sur eulx, ilz ont obtenu nos lettres du dixiesme jour de juing mil six cens quatre,

Nous avons dit le trouble profond que les guerres religieuses avaient jeté dans la fabrique de Lyon[1]. Les mesures de Henri IV

par lesquelles nous avons permis à tous ouvriers qui voudroient faire les draps de soye des façons de Milan, Lucques, Florence, Venize, Naples, Boulongne, Rhege, Modene, Gennes, Genefve, Chambery, Avignon, Espaigne et autres provinces etrangeres de faire la fabricquation desd. draps de soye telle... qu'elle se faict esd. lieux... en conséquence desquelles lettres, nostre bailly de Touraine, sans s'infformer auttrement de l'usaige desd. villes..., auroict donné sa sentence du treiziesme jour de septembre dernier, par laquelle il auroict ordonné que les ouvriers dud. mestier jouiroient du contenu en nosd. lettres, à la charge neanmoingtz que es velours plains et autres draps qui se decouppent ilz ne pourroient emploier aucune soye escreue, en quoy faisant nostred. bailly ou son lieutenant a paisiblement permis ausd. ouvriers d'emploier de la soie creue es velours figuréz et autres estoffes qui ne se decouppent point, et neanmoingtz nous avons esté advertiz par plusieurs notables bourgeois et marchans de nostred. ville de P. et par les ouvriers en draps d'or et d'argent et de soye que nous avons faict venir expres pour faire en nostred. ville de P. telz ouvraiges qui se font esd. villes d'Italie, que en toutes especes de draps de soye, soict de velours figuré ou aultres, il n'est point permis en Italie d'emploier de soye escreue et qui ne soict bien cuitte, blanchie et tainte, parce que les soyes escreues ne peuvent prendre bonne taincture et qu'estant emploiées à faire la thoille et tresme des velours, elle ternit le lustre du drapt, joint que la thoille et tresme des velours qui n'est faicte de soye bien cuitte couppe le poil desd. velours qui se pelle incontinant et ceulx qui veulent emploier lesd. soies non cuittes n'y sont pousséz d'autre affection que pour faire proffict au dommaige du public, d'aultant que ung drap qui est faict de soye escreue et semble qu'il y ait plus de soye qu'il n'y en a, a cause de quoy en toutes les fabricques d'Italie tous les draps de quelque espece et façon qu'ilz soient ou il y a de la soye escreue et non bien cuitte sont reprouvéz et confisquéz... ce qui a meu les maistres juréz dud. estat d'ouvriers en soye dud. Tours et la plus grande partie des maistres particulliers joinctz avec eulx d'appeller de lad. sentence de nostre bailly de Tours ou son lieutenant... et, d'aultant que le proces est pendant devant vous, ilz nous ont tres humblement supplié voulloir declarer sur ce nostre volonté... Pour ce est-il que nous, après avoir faict veoir à nostre conseil nostre edit du mois de janvier mil cinq cens quatre vingtz dix-neuf, noz lettres dud. dixiesme juing mil six cens quatre, avec les attestations de plusieurs notables marchans et ouvriers en soye de... Paris en datte du dix huictieme jour de decembre dernier, le tout cy attaché soubz le contre scel de nostre chancellerie, de l'advis de nostred. conseil..., ordonnons, declarons... que tous draps de soye qui se feront en lad. ville de Tours et autres lieux soient faictz de bonne soye bien cuitte, descreue, blanchie et teinte en bonne teinture, faisant tres expresses deffences à tous ouvriers en draps d'or, d'argent et de soye d'en emploier qui ne soient bien appareillée (*sic*) suivant leurs statuts...

6 janvier 1605.

Registrée au parlement de P. le 15 janvier 1605.

(Arch. nat. X¹ᵃ 8645, fol. 200.)

1. Voy. plus haut.

ne furent pas toutes de nature à la relever. La substitution du pastel à l'indigo désormais proscrit ne fut pas considérée comme un progrès par les teinturiers lyonnais ni par le consulat qui demandèrent la liberté d'user des matières colorantes employées jusque-là[1]. Les fabricants s'émurent bien davantage encore de l'édit somptuaire de 1608 qui défendait, en même temps que l'importation des soieries étrangères, l'usage des soieries indigènes. Il menaçait l'existence de la première industrie de Lyon, qui comptait alors environ deux mille métiers et sept à huit mille ouvriers. Les intéressés firent porter leurs remontrances au roi par l'un des leurs, Ambroise Aubin, qui obtint sans aucun doute le rappel de l'édit[2]. Heureusement l'influence de Henri IV sur la fabrique lyonnaise ne se réduisit pas à ces mesures malencontreuses; elle se manifesta aussi par la protection qu'il accorda à un Lyonnais, Claude Dangon, fabricant de soieries et de brocarts, l'un de ces obscurs inventeurs dont le nom reste ignoré, non seulement de la postérité, mais quelquefois même de ceux qui s'enrichissent de leurs découvertes. Claude Dangon dota sa ville natale du métier à la tire[3] et de la fabrication des façonnés qui devait tant contribuer à la renommée et à la richesse de l'industrie lyonnaise. Au mois de mars 1607, il obtint le titre de maître ouvrier du roi en draps d'or, d'argent et de soie à Lyon, un privilège de cinq ans et la direction de la fabrication des étoffes nouvelles de son invention dans la ville et dans tout le royaume[4]. Déjà en 1605 ses concitoyens l'avaient indemnisé par un don de 200 livres tournois des dépenses qu'il avait faites pour introduire chez eux ses velours taffetas et autres tissus d'un nouveau genre et pour aller en présenter des échantillons au roi[5].

---

1. Inventaire des arch. municipales de Lyon. Reg. BB 140. Inventaire Chape aux Arch. de Lyon, VIII, 367.

2. Inventaire des arch. municipales de Lyon. Portefeuille AA 155. Les négociants en soieries de Paris firent aussi une démarche auprès du roi pour empêcher l'exécution de l'édit. Lestoile, *Registre-journal de Henri IV* (collection Michaud et Poujoulat), p. 531.

3. On peut voir dans le musée industriel de Lyon un modèle réduit du métier inventé par Cl. Dangon.

4. Lettres patentes de mars 1607 enregistrées au Parlement le dernier avril 1611. Arch. nat. Registre du Parl. X1a 8647, fol. 227 v°. Voy. aussi Monfalcon, *Histoire de la ville de Lyon*, 1847, in-8°, II, 735. On verra dans le mémoire publié en appendice en quoi consistaient ces étoffes nouvelles.

5. Inventaires des arch. municipales de Lyon. Reg. BB 142.

Pour monter ses métiers, pour fournir aux frais de premier établissement il avait dû contracter des dettes; le 11 août 1607, un arrêt du Conseil lui permit de faire attendre ses créanciers six mois, et un autre arrêt du 12 février 1608 renouvela ce délai pour la même période [1].

Il ne faudrait pas croire que les villes dont nous venons de parler fussent les seules où l'on fabriquât des soieries. Reims, pour ne mentionner que celle-là, comptait en 1600 cinquante-quatre maîtres ouvriers en soie [2] qui firent modifier leurs règlements pour les rendre aussi conformes que possible à ceux de leurs confrères parisiens [3].

Si nous avons fait subir à la patience du lecteur l'exposé minutieux des efforts de Henri IV pour faire de la sériciculture et de l'industrie des soieries une branche importante de la production nationale, c'est que, selon nous, la conception d'une entreprise, les moyens employés pour la faire réussir n'offrent guère moins d'intérêt que ses résultats. L'intelligence et la persévérance méritent d'attirer l'attention de l'historien, même quand elles ont été déployées en pure perte, parce qu'elles provoquent des réflexions instructives sur les causes de leur impuissance et qu'elles offrent le spectacle attachant de la volonté aux prises avec les circonstances. Toutefois, on essaierait en vain de le nier, la première question qu'on se posera toujours au sujet d'une tentative qui n'a en vue que la prospérité matérielle d'une société sera nécessairement celle de savoir si elle a réussi, si elle a ouvert une voie nouvelle à l'activité nationale et augmenté la richesse et le bien-être du pays.

Pour résoudre cette question en ce qui concerne la sériciculture, il ne suffit pas de constater qu'elle se trouve de nos jours, comme avant le règne de Henri IV, localisée dans certaines provinces, qu'elle ne s'est pas généralisée au même degré que la viticulture, par exemple. Ce fait n'autorise pas à considérer le dessein du roi et de ses auxiliaires comme chimérique; la négligence des gouvernements qui ont succédé au sien, les événements politiques, bien d'autres causes peuvent l'expliquer, sans qu'il soit nécessaire de s'en prendre aux vices inhérents à l'entreprise

1. Arch. nat. Arrêts du Conseil à la date. Bibl. nat. fr. 18173, fol. 66.
2. Varin, *Archives de Reims, Statuts*, II, 375.
3. *Ibid.*, p. 376.

ou aux moyens employés pour la mettre à exécution. C'est à la fin du règne qu'il faut nous placer pour nous rendre compte des résultats.

Or, nous trouvons dès cette époque les preuves péremptoires que le succès n'avait pas répondu aux espérances. En 1610, un s[r] Maressé, ancien archer de la garde, proposait au nouveau roi de renouveler des essais qui n'avaient échoué, d'après lui, que par suite des moyens d'exécution [1]. Dans un mémoire anonyme, publié deux ans plus tard sur les pauvres des hospices, nous lisons qu'il ne subsistait aucune trace de l'entreprise de Henri IV [2]. Il y a là de l'exagération. Montchrétien est plus près de la vérité quand, tout en constatant que le roi n'avait pas réussi à augmenter autant qu'il le voulait la production de la soie et en rendant responsables de cet insuccès ceux qu'il avait chargés de l'exécution de ses intentions, il reconnaît que la sériciculture a, grâce à lui, acquis une certaine extension dans les régions où elle existait déjà [3]. Le témoignage de Montchrétien se trouve confirmé pour une région particulière, la Touraine, par le rapprochement de deux faits séparés l'un de l'autre par près de quatre-vingts ans. En 1607 Henri IV accordait à un s[r] Taschereau le privilège héréditaire de planter et d'exploiter des mûriers dans le parc de Plessis-lez-Tours et ses dépendances [4]. Or nous trouvons en 1693 un des

1. *Propositions faites au roi par Marc M., contenant les moyens de rendre la soie aussi commune en France qu'elle l'est à la Chine et par toute l'Italie et l'Espagne.* 1610. Cité par Gasparin, *Mémoires d'agriculture et d'économie rurale*, II, 98.

2. Mémoire concernant les pauvres enfermés adressé à Henri de Gondi, évêque de Paris. 1612. *Archives curieuses de l'hist. de France*, XV, 264-65.

3. « Aussi nostre grand Henry... print fort à cœur le dessein de faire abonder la soye en ce royaume... ce qui sans doute eust pu réussir à son contentement... si ceux là, sur qui S. M. se reposoit de la conduite de cette affaire, l'eussent secondé avec un jugement égal à son affection. Tout ce qui nous en est revenu de bien, c'est que le desir qu'il fist naistre en plusieurs de s'accommoder du profit des soyes a produict ce fruict qu'il s'en fait maintenant en Provence, Languedoc, Dauphiné, Touraine, Lionnois, Beaujolois et divers autres lieux de la France à plus de quatre ou cinq cens mille livres... car, pour ce qui concerne la fabrique, chacun scait-il pas que depuis longtemps nous l'avons à Lion et à Tours? » *Traicté de l'éconon. politique*, 1615, p. 98. Montchrétien exhorte le roi et la reine mère à encourager la sériciculture et l'industrie de la soie, dont le défaut de persévérance des Français a empêché la fondation définitive, malgré les efforts de Henri IV. *Ibid.*, p. 99-100. Voy. aussi p. 129. J.-A. de Thou, V, 838.

4. Champoiseau, *loc. cit.*

descendants du concessionnaire dirigeant au même lieu une pépinière de 800,000 mûriers blancs qui servait à entretenir et à propager la sériciculture dans le pays[1]. L'entreprise de Taschereau n'avait donc pas été éphémère et ce n'est pas seulement, on peut le croire, en 1693 qu'elle avait commencé à porter des fruits. Les efforts de Henri avaient obtenu un effet quelquefois durable, plus souvent passager et limité. L'exemple qu'il avait donné en plantant des mûriers, en établissant des magnaneries, avait trouvé d'assez nombreux imitateurs parmi les courtisans, les grands seigneurs, le haut clergé, les ordres monastiques, l'ordre de Malte[2]. Nous avons déjà parlé de la soie recueillie dans le jardin de l'hôtel de Retz. Sully, les secrétaires d'État, le premier valet de chambre Beringhen avaient fait des plantations de mûriers pour plaire à leur maître[3]. Mais si un certain nombre de grands propriétaires était entré dans la voie ouverte par lui, la masse des petits cultivateurs, qui exploitait dès lors la plus grande partie du sol, ne l'avait pas suivi, le clergé n'avait pas mis au service de son projet toute sa puissance de propagande. Le succès local et partiel qu'il obtint est hors de toute proportion avec la grandeur du plan qu'il avait conçu.

Le pays, en accueillant froidement sa tentative, obéit-il à une routine aveugle ou se rendit-il compte des obstacles qu'elle rencontrait dans les circonstances physiques, dans la nature des choses? Les partisans de la sériciculture, Olivier de Serres, Laffemas, affirment, en s'appuyant sur l'expérience, que le climat de la France n'est contraire ni à la culture du mûrier ni à l'élève des vers à soie, ils font ressortir combien la cueillette du mûrier, les soins à donner aux vers sont faciles et peu coûteux, la cueil-

---

1. Boislisle, *Correspondance des contrôleurs généraux avec les intendants*, I, nᵒ 1185.

2. Gasparin, *Op. laud.* Carew a exagéré en disant : « ... he (Henri IV) has caused *most* of the gentlemen and possessioners of his realm to plant mulbery trees in their grounds for the nourishing of silk-worms » p. 430. Isaac Laffemas a exagéré encore plus en écrivant que la production de la soie indigène pouvait suffire aux besoins du pays.

3. J.-B. Le Tellier, *Brief discours...* Dédié à la duchesse de Sully. Paris, Pautonnier, 1602. B. Laffemas, *Lettres et exemples de la feu royne mère, comme elle faisoit travailler aux manufactures et fournissoit aux ouvriers de ses propres deniers.* Paris, Pautonnier, 1602, in-8ᵉ. Le premier valet de chambre, Beringhen, était un personnage remuant et en crédit qui sut se faire intéresser dans plusieurs entreprises, notamment dans une exploitation de forges et de fonderies.

lette pouvant être faite par des femmes et des enfants et ne détournant nullement, non plus que *le travail de la magnanerie*, des
travaux agricoles; ils invoquent les résultats obtenus : d'après
eux, la soie recueillie en France, même dans des régions tempérées, vaut ou même dépasse en qualité la soie italienne. A l'encontre de cette opinion, nous devons rapporter celle de certains
Italiens de bon jugement qui, consultés par George Carew sur
les chances de l'entreprise, lui répondirent qu'elle finirait par
échouer, les vers ne pouvant vivre ou au moins donner de bonne
soie avec une température aussi froide que la nôtre[1]. De ces deux
opinions, sur la valeur desquelles il n'appartient qu'aux hommes
spéciaux de se prononcer, le pays semble avoir partagé la
seconde. Le roi lui-même paraît s'être découragé; c'est ce qu'on
peut conclure de l'abandon d'une partie du plan primitif, de sa
répugnance à user de contrainte, à imposer la sériciculture aux
cultivateurs. Sans vouloir condamner son initiative, nous ferons
remarquer que, comme le reconnaît O. de Serres, l'élève des vers
ne peut être entreprise utilement à moins de deux ou trois mille
pieds de mûriers et que les mûriers ne rapportent qu'au bout de
cinq, six, sept ou huit ans[2]. N'est-ce pas assez pour expliquer la
réserve des petits cultivateurs? Les grands propriétaires seuls
pouvaient supporter de pareils sacrifices et, s'il fallait s'en
prendre à quelqu'un du quasi avortement d'un dessein si largement et si noblement conçu, ce serait la noblesse et le clergé
qu'on devrait en rendre responsables[3].

Les fabriques de soieries établies par Henri IV à Paris, à
Troyes et à Mantes survécurent-elles à leur fondateur? Les
anciennes fabriques de Lyon et de Tours acquirent-elles sous son
règne un développement nouveau et durable? M. Poirson[4] n'a
aucun doute à cet égard; il fait honneur à Henri IV de l'importance que l'industrie des soieries a prise dans la production nationale[5], il fait remonter jusqu'à lui les manufactures qui existent

1. Dans Birch, p. 431.
2. *Théâtre d'agriculture*, p. 114, 120, 151.
3. Les tentatives faites par Colbert en 1670 pour propager la culture du
mûrier ne furent pas plus heureuses, bien que les intendants ne se fissent pas
scrupule d'en faire planter d'autorité. *Lettres de Colbert* publiées par M. P. Clément, IV, 233, note 2.
4. III, 281-289.
5. « On évalue la production des soieries dans le monde à deux milliards de

ou qui existaient au moment où il écrivait, à Paris et en Picardie; les deux tiers de celles du midi lui devraient, à l'en croire, leur existence, celles de Lyon, de Tours et de Montpellier, leur essor. Mais si l'on cherche sur quoi s'appuient ces affirmations, on ne découvre que quelques textes empruntés à Laffemas qui prouvent seulement les espérances que le projet du roi faisait naître chez l'apôtre le plus fervent de l'industrie séricicole [1] et un seul document [2] se rapportant véritablement à la question, mais d'où il résulte seulement que la fabrique de Lyon était en décadence sous les successeurs immédiats de Henri IV.

Point n'était besoin, pour faire apprécier la persistance de l'élan imprimé par le roi à l'industrie des soieries, de rechercher, comme l'a fait M. Poirson, l'état de la production et de l'exportation au milieu du XVIIe siècle, à la fin de l'ancien régime, sous la Restauration, sous la monarchie de Juillet, tâche trop difficile pour être entreprise ainsi incidemment et à la légère; c'est à des témoins aussi rapprochés que possible de l'année 1610, de l'époque où les mesures prises par le roi avaient pu produire leurs fruits et où un autre gouvernement n'avait pu en compromettre le succès, qu'il faut demander des renseignements sur le sort des établissements fondés par Henri IV et sur l'extension qu'il a pu donner à ceux qui existaient avant lui.

Au lendemain même de sa mort, peut-être dès les dernières années de sa vie, les maisons formées à Paris sous son patronage avaient disparu [3]. La fabrique de satins de Bruges et de damas cafards établie à Troyes ne paraît pas avoir mieux réussi, car non seulement elle est restée inconnue au dernier historien de cette ville [4], mais elle n'a laissé aucune trace dans les archives municipales ni dans les archives départementales de l'Aube [5]. La

francs, et la France y figure pour une valeur de 1,200 millions. » Fontpertuis, *Le mouvement économique aux États-Unis et au Canada*, dans l'*Économiste français* du 25 nov. 1882.

1. Poirson, III, 281, note 1; 283, note 1. Voy. aussi le passage tiré d'Isaac Laffemas, p. 281.

2. Poirson, III, 285.

3. Mémoire précité concernant les pauvres enfermés. 1612. Enquête faite en 1610 sur le commerce et l'industrie séricicole de Lyon, à l'appendice.

4. Boutiot, *Histoire de Troyes*.

5. C'est ce que nous écrit M. Francisque André, archiviste de l'Aube. Notre confrère, avec une obligeance dont nous ne saurions trop le remercier, ne s'est pas contenté de faire des recherches dans les dépôts confiés à ses soins, il a encore interrogé M. Albert Babeau, qui les connaît si bien pour en avoir tiré

manufacture établie à Mantes sous les yeux du roi et sous la direction des Parent fut, au contraire, on l'a vu, une création durable et féconde.

Si nous passons aux deux anciens centres de production, à Tours et à Lyon, nous nous trouvons fort inégalement éclairés au sujet de l'influence de Henri IV sur l'industrie des soieries dans ces deux villes. Les recherches que l'archiviste d'Indre-et-Loire, M. Grandmaison, a bien voulu faire pour nous dans les archives départementales et communales, ont été complètement stériles et le mémoire précité de M. Champoiseau ne peut suppléer au silence des archives locales. Ce mémoire est aussi peu précis et explicite sur les soieries qu'il est instructif sur la sériciculture et le peu qu'il en dit n'est appuyé d'aucune preuve et est même quelquefois contredit par les documents[1].

Nous sommes heureusement mieux renseignés sur l'état de la fabrique lyonnaise. A la fin du règne de Henri IV, elle ne s'était pas relevée de la décadence qu'elle subissait, à la suite du commerce local, depuis la mort de Henri II[2]. La ville était moitié moins riche qu'elle ne l'avait été vingt ans auparavant[3]. Les consuls, questionnés officiellement sur les moyens d'y soutenir l'industrie en déclin, sur le nombre des ouvriers en soie et sur la manière de développer l'industrie qui les faisait vivre, montraient les ateliers déserts, les ouvriers décimés par la guerre ou ayant porté dans d'autres villes ou même à l'étranger les arts qui faisaient la prospérité de Lyon ; proposaient le rétablissement du commerce comme l'unique remède aux souffrances de l'industrie ; estimaient à onze ou douze mille le nombre des habitants qui gagnaient leur vie dans la fabrique des soieries et celui des métiers qui fabriquaient des soieries communes à dix-huit cents, au lieu de sept mille qu'on comptait autrefois ; à leurs yeux, il ne suffisait pas, pour empêcher la sortie de l'argent français qui préoccupait le nouveau gouvernement, de développer la fabrication de ces étoffes ordinaires, il fallait introduire à Lyon la fabrication

la matière de plusieurs ouvrages remarquables, et qui cependant n'y a jamais rencontré la mention de cette manufacture.

1. C'est ainsi qu'il attribue à la révocation de l'édit de Nantes la décadence de l'industrie des soieries déjà signalée en 1664, comme nous le fait remarquer M. Grandmaison, par l'intendant Charles Colbert de Croissy.

2. Voy. l'enquête publiée en appendice.

3. Relation de G. Carew dans Birch, p. 434-435.

des riches étoffes façonnées dont ils comptaient vingt types différents, et ils désignaient Claude Dangon comme le seul homme
capable de faire réussir cette fabrication nouvelle, à laquelle il
se livrait déjà avec succès et qu'il apprendrait à ses compatriotes,
s'il recevait l'assistance pécuniaire du gouvernement. Le consulat demandait en même temps pour Dangon la confirmation des
privilèges qu'il tenait du feu roi [1] et qu'il eut à défendre contre
ses confrères [2]. Les nouveaux types créés par ce grand industriel
attirèrent toujours l'attention et l'intérêt de la municipalité [3], mais
il ne fut pas mis en possession des moyens qui lui auraient permis de tirer la fabrique lyonnaise de la crise où elle languissait.
En 1619, le chiffre des ouvriers en soie à l'aumône s'élevait à
plus de six mille [4]. Lyon n'en dut pas moins à Claude Dangon,
avec la fabrication des façonnés, la source de sa richesse future,
et le patronage accordé par Henri IV à cet éminent industriel
doit le faire considérer, malgré la stagnation permanente de l'industrie séricicole à Lyon pendant tout son règne, comme le premier auteur d'une prospérité que Napoléon et la Restauration
devaient porter à son apogée [5].

La fabrication du drap était bien plus répandue en France que
celle des soieries. Toutefois elle ne pouvait suffire à la consommation nationale qui avait recours à l'Angleterre pour les draps
communs, à l'Italie et à la Flandre pour les articles de luxe. La

1. Inventaire des arch. municipales de Lyon. Reg. BB 146, année 1610.

2. *Ibid.* Reg. BB 147, année 1611.

3. Visite faite par le consulat des ateliers de Pierre Dangon, maître ouvrier
[le successeur, probablement le fils de Claude] pour le roi en étoffes d'or,
d'argent et de soie, afin d'examiner « diverses sortes de manufactures desdits
draptz, non encore jamais veuz en France, qu'il a presentement sur ses métiers. »
Description de ces étoffes dont le fini et l'éclat merveilleux engagent les échevins à délivrer, d'après son désir, au fabricant un certificat constatant qu'il a
détaché de ses métiers des échantillons « qu'il dict vouloir soubdain envoyer
en la ville de P. pour les faire veoir et scavoir si elles [les étoffes] agreeront
en cette forme, etc. » Ibid. Reg. BB 149, année 1613. Voy. aussi sur la fabrique
lyonnaise et sur Cl. Dangon Monfalcon, *Hist. de la ville de Lyon*, II, 735-737.

4. *Ibid.* Reg. 155, année 1619.

5. Montchrétien ne connaît pas d'autres centres de fabrication que ceux qui
existaient avant Henri IV, Tours et Lyon (p. 98). Pour lui cette industrie reste
toujours à fonder en France dans les proportions que le roi avait voulu lui
donner et qui seules pouvaient mettre la production du pays en rapport avec
sa consommation, lui permettre de se suffire à lui-même et même de fournir
aux besoins des nations voisines. Voy. le passage cité plus haut, et dans le
même ouvrage, p. 129.

draperie française, quoique ruinée par les guerres civiles, paraît avoir repris dans les dernières années du xvie siècle une certaine activite due, non aux encouragements de l'État, dont l'industrie n'avait pas encore attiré l'attention, mais au rétablissement graduel de la paix publique. La protection de Henri IV ne fit pas plus défaut à la draperie qu'à la soierie; nous en avons pour garant G. Carew qui atteste les efforts du roi pour affranchir la France de l'importation des draps anglais, sans nous faire connaître les moyens qu'il employa dans ce but [1]. Si son intérêt pour l'industrie de la laine ne se manifesta pas par un projet d'ensemble analogue à celui dont la sériciculture et les soieries furent l'objet, c'est qu'il ne s'agissait pas ici d'une industrie nouvelle à créer, mais de fabriques déjà existantes à ranimer. Nous avons dit que la commission du commerce entreprit de donner aux industries de la laine une police nouvelle; ce ne fut pas sans peine qu'elle put obtenir des corporations intéressées un projet de règlement, qu'on n'a pas conservé, qui ne devait pas, d'après certains indices, se recommander par des idées nouvelles et qui n'exerça aucune influence sur la fabrication [2]. En dehors de cette vaine tentative, nous n'avons à signaler aucune mesure générale inspirée par l'intérêt de la draperie. Nous devons donc nous borner à faire connaître celle que les saieteurs d'Amiens obtinrent de la commission et du conseil. Er 1603, alors que leur industrie ne s'était pas encore relevée de sa décadence, ils se plaignirent, de concert avec l'échevinage, de l'enchérissement des filés causé par la concurrence étrangère. Des marchands étrangers au pays venaient acheter les filés dans les villages et les marchés, aux paysans, aux petits filateurs et à des marchands en gros, pour les exporter ou les revendre aux tisserands à un prix élevé. La commission proposa d'interdire la vente des filés à Amiens et dans la banlieue ailleurs qu'au marché et de défendre l'exportation [3]. Un arrêt du conseil du 28 février 1604 adopta ces propositions et leur donna force de loi, en y ajoutant, conformément au vœu des saieteurs, la défense de cumuler les métiers de filateur et de peigneur de laine. La commission et le gouvernement oubliaient qu'en protégeant les tisserands, en s'efforçant d'abaisser pour

1. *Op. laud.*, p. 432.
2. Procès-verbaux, 110-111, 114, 115, 121, 122, 123, 124, 126, 152, 153, 157, 159, 181.
3. Séance du 18 juillet. Procès-verbaux, 106-108.

eux le prix de la matière première, ils portaient atteinte aux intérêts des filateurs[1]. S'il faut en croire Montchrétien, l'industrie du
drap, tout en étant répandue dans presque toutes les provinces, se
trouvait en déclin dans les années qui suivirent la mort de
Henri IV : tel bourg du royaume, où l'on faisait autrefois de la
draperie pour plus de quatre ou cinq cent mille livres, n'en produisait plus que pour une valeur de trente mille. Ce qu'il y a de
certain, c'est que le marché français continuait à être envahi par
les draps étrangers; les drapiers parisiens le constatent en le
déplorant dans le cahier de doléances qu'ils présentèrent aux
états de 1614[2].

La production des toiles était plus considérable encore en
France que celle des draps, elles formaient un article important
de nos exportations[3]. Parmi les lieux de production, nous cite-
rons seulement la Normandie et spécialement Rouen et Louviers,
la Bretagne, Laval, Châtelleraut, Troyes, le Barrois, la Champagne[4]. L'exportation aurait été plus considérable encore si
l'étranger n'était venu enlever nos filasses et nos étoupes[5], comme
il enlevait nos laines et nos soies.

En 1604 le roi d'Espagne interdit l'entrée des toiles de Hollande dans ses États ; c'eût été l'occasion pour notre pays de
s'emparer de ce marché, si nos toiles avaient pu remplacer celles
des Provinces-Unies. Ce fut à cette époque que deux marchands
de Rouen, Jean Wolf et Antoine Lambert, offrirent au roi d'établir dans cette ville une manufacture de toiles fines à l'imitation
de celles qui se fabriquaient en Brabant, en Flandre, en Hollande.
Ils s'engageaient à faire venir des ouvriers de l'étranger, à prendre
en France la moitié de leurs apprentis, à établir des curanderies
pour blanchir les toiles comme on le faisait dans ces trois pays,
c'est-à-dire d'une façon supérieure au blanchiment pratiqué en
France[6]. Ils demandaient que le roi avançât à chaque chef de
métier, qui viendrait s'établir à Rouen, pour ses frais de dépla-

---

1. Reg. du conseil. Arch. nat. E 6a, f. 185.
2. Arch. nat., K 675, n° 20.
3. Montchrétien, p. 89.
4. Avis des corp., p. 5. Morin, *Hist. de Louviers*, II, 71.
5. « Et, comme l'on afferme, toutes les filasses de lyn, de chanvre et estouppes
dequoy l'on faict lesd. toilles estranges sont prinses et enlevées de France,
mesmes des pays de Champaigne, Picardie et Bourgongne. » Traité du commerce. Bibl. nat. Fr. 2085, f. 15.
6. Procès-verbaux, 92-93.

cement et d'établissement, 25 écus imputables sur le prêt fait aux entrepreneurs. Ils fixaient ce prêt à 100,000 écus remboursables en dix ans. Ils demandaient aussi la création d'une halle à Rouen pour vendre les matières premières et les produits de leur industrie, le titre et les privilèges de commensaux de la maison du roi, le droit de tenir un magasin de « merceries » à Paris sans être soumis aux visites du bureau de la ville, la faculté d'acheter à l'étranger pour 50,000 écus par an de fil, de cendre gravelée, de savon et d'autres matières nécessaires à leur industrie, le privilège d'avoir aux faubourgs de Rouen une brasserie dans laquelle les brasseurs rouennais n'auraient rien à voir, celui de prendre du sel blanc pour les besoins de leur industrie sans payer gabelle. Les tisserands étrangers qui viendraient s'établir en France devaient être traités comme regnicoles, exempts d'impôts, placés sous la surveillance exclusive des deux entrepreneurs. Ces propositions furent soumises à la commission du commerce. Elle les adopta sous certaines restrictions : elle s'en remettait au roi pour le chiffre de la subvention sollicitée par les entrepreneurs, elle ne laissait à ceux-ci la surveillance de l'industrie nouvelle que pendant huit mois, temps qu'ils devaient mettre à profit pour rédiger et présenter à la commission un projet de statuts et de règlements qui recevraient la validation royale[1]. La manufacture, établie au faubourg Saint-Sever et connue sous le nom de la grande tissanderie, fut autorisée et constituée par des lettres patentes et par divers contrats enregistrés le 30 janvier 1606 au parlement de Rouen. Elle se composait d'ateliers pouvant contenir 350 métiers à tisser, de deux curanderies, dont chacune devait employer cinquante ouvriers. Elle compta 150 métiers la première année, 200 autres la suivante. Les directeurs obtenaient un prêt de 150,000 livres. Leur fabrication, toute nouvelle en France, comprenait le linge de corps, de table « et autres ouvrages ouvrés, damassés, figurés ou rayés d'or et d'argent ou de soie, de toute couleur ou façon[2]. » Ils fondèrent à Mantes une autre manufacture de toiles fines, façon de Hollande, pour laquelle le roi leur alloua une subvention de 90,000 livres[3]. Mantes possé-

---

1. Procès-verbal de la séance du 3 septembre 1604. Procès-verbaux, p. 241-252. *Recueil de ce qui se passe...* Champollion, p. 293.

2. Gosselin, *Op. laud.*, p. 140-141.

3. Arrêt du conseil du 25 août 1607. Arch. nat. à la date.

dait encore à la même date, en 1607, un établissement du même genre dirigé par Thomas Robin et également subventionné par le roi[1]. Il fut aussi question d'établir cette industrie à Troyes et les chefs de l'entreprise faisaient espérer une diminution de 10 s. par aune sur le prix des toiles de Hollande[2].

Quel fut le sort des manufactures de toiles fines fondées sous le patronage de Henri IV ? M. Gosselin, qui a contribué à mettre en lumière les origines de celle de Wolf et Lambert et qui avait sous la main les dépôts d'archives les plus propres à nous éclairer sur son avenir, s'est déclaré hors d'état de dire ce qu'elle était devenue[3]. Nous avons été plus heureux pour les établissements dirigés à Mantes par les mêmes entrepreneurs et par Thomas Robin; deux ans après la mort de Henri IV, ces établissements n'existaient plus[4].

L'industrie des futaines, assez récente en France[5] et qui avait ses principaux centres à Rouen et à Troyes[6], souffrait des malfaçons et de l'infériorité de leur apprêt et de leur teinture par rapport aux futaines de l'étranger et principalement de l'Angleterre[7]. Un fabricant, originaire des Pays-Bas, Paul Pinçon, apporta en France l'art de teindre, de friser et d'apprêter les futaines et basins comme on le faisait chez nos voisins, et sollicita les encouragements de la commission du commerce. Les épreuves auxquelles il fut soumis, l'opinion des gens compétents lui furent entièrement favorables. Fort de l'approbation de la commission, il se mit à appliquer son procédé à Paris, à Rouen, à Troyes et à Tours, fit venir des ouvriers étrangers et se crut dès lors autorisé à solliciter un privilège. Le 3 mars 1606 il en

1. Arrêt du conseil du 14 août 1607. Même collection. J. A. de Thou, VI, 170, anno 1603.

2. Laffemas, *Le naturel et profit admirable du meurier...* Paris, 1604. Sur le projet de Henri IV d'affranchir son royaume de l'importation des toiles fines de Hollande, voy. Carew, dans Birch, p. 430. Voy. des preuves de sa sollicitude pour les entrepreneurs de cette industrie. *Lettres missives*, VII, 344 ; IX, n° 88.

3. Ouvr. cité, p. 141.

4. « Tesmoin..... les toilles façon de Hollande à Mantes..... dont aujourd'huy il ne parait marque ne vestige. » Mémoire anonyme concernant les pauvres enfermés, *ubi supra.*

5. Procès-verbaux, p. 167.

6. *Ibid.*, p. 160, 169, et Lettres pat. accordées à Paul Pinçon le 3 mars 1606. Archives nat., Reg. du Parl. Xia 8645, f. 329 v°.

7. Champollion, p. 167-168.

obtint un de dix ans, à condition de prendre autant d'apprentis français qu'il pourrait, d'observer les règlements qui seraient faits plus tard sur son industrie, de ne pas teindre ni apprêter d'après les procédés ordinaires, et sans préjudice des concessions analogues antérieures [1]. L'année précédente, le roi avait accordé pour huit ans à Michel Pierre et à Luc Taschereau le monopole de la fabrication des futaines à Tours et en Touraine. La municipalité renonça, en faveur de cette industrie, à l'impôt du sol pour livre sur toutes les matières premières et sur les produits manufacturés [2].

Nous ne sommes pas en mesure de nous prononcer sur le succès définitif du procédé introduit en France par Pinçon ni de dire si l'industrie des futaines et des basins se ressentit d'une façon notable et durable de l'intérêt que le roi et plusieurs municipalités [3] manifestèrent pour elle [4].

Nous ne pouvons que répéter à propos de l'industrie des bas de laine ce que nous avons dit de celle des bas de soie. Introduites à Dourdan à la fin du XVIe siècle, l'une et l'autre avaient reçu de la commission du commerce des statuts qui en rendaient l'exercice libre à tout le monde, sous la condition d'observer les prescriptions relatives à la qualité et au poids et sous la garantie de marques de fabrique [5]. Trente ans plus tard, elles avaient pris une extension dont le point de départ doit remonter à Henri IV [6].

Nous aurons passé en revue toutes les industries des tissus sur lesquelles nous avons pu recueillir des renseignements, quand

1. Lettres patentes précitées et Champollion, aux pages visées par la table v° *Futaines*.

2. Arrêts du conseil du 8 février 1605. Bibl. nat., Fr. 10843. Giraudet, *Hist. de Tours*, 179.

3. Laffemas, *Le naturel et profit admirable du meurier...*, p. 16.

4. M. Gosselin, si bien placé pour suivre la destinée de l'établissement de Paul Pinçon à Rouen, n'a pu ici encore que poser la question de savoir ce qu'il était devenu. P. 141.

5. Séance du 4 mai 1604. Champollion, 185-188.

6. « Le duché d'Estampes et pays de Dourdan est remply d'un nombre infini de personnes qui s'occupent... de mieux en mieux à travailler en bas de soye et d'estame... » Nouveau reglement general sur toutes sortes de marchandises et manufactures qui sont utiles et nécessaires dans ce royaume représenté au roy pour le grand bien et profit des villes et autres lieux de la France par M. le marquis de la Gomberdiere. 1634. Réimprimé dans Fournier, *Variétés hist. et litt.*, III, 109.

nous aurons mentionné un projet formé pour utiliser une nouvelle matière textile. Olivier de Serres ayant soumis au roi les essais heureux qu'il avait faits pour transformer en tissus les filaments de l'écorce de mûrier blanc, celui-ci l'invita à faire connaître au public sa découverte. Ce fut pour répondre à cette provocation que le savant agronome publia l'opuscule intitulé : *La seconde richesse du meurier blanc*, qu'il reproduisit dans le *Théâtre d'agriculture*[1]. On utilisait déjà l'écorce du tilleul, particulièrement à Louvres en Parisis, pour la corderie et la toile grossière, l'ortie pour la toile fine[2]. La commission du commerce proposa d'accorder à Olivier de Serres pour l'exploitation de son invention un privilège de vingt ans, avec exemption d'impôts pendant la même période et des avantages pour ses commis[3]. Ce privilège lui fut conféré par un arrêt du conseil du 23 mars 1604[4].

A l'avènement de Henri IV, l'industrie de la tapisserie était, comme toutes les autres, en décadence[5]. La manufacture de haute lisse, fondée par François Ier dans le palais de Fontainebleau et dirigée successivement par le Primatice et par Philibert Delorme, n'existait plus, depuis que les derniers Valois, les fils de Catherine de Médicis, avaient abandonné cette résidence[6]. L'atelier créé par Henri II à Paris, dans l'hôpital de la Trinité, avait au contraire subsisté[7]; à côté de cet atelier destiné, comme tous ceux du même établissement, à apprendre un métier à des enfants orphelins et pauvres, on comptait sans doute à Paris et en pro-

---

1. Chap. XVI du Ve lieu.

2. *Théâtre d'agriculture*, II, 147-151.

3. Séance du 2 septembre 1603. Champollion, p. 119-120.

4. Arrêts du conseil. Arch. nat., à la date.

5. « Aujourd'huy 4 janv. 1599, le Roy... desirant retablir en son royaume la manufacture de tapisserie de haute lisse... » Brevet de la charge et intendance de la manufacture de tapisserie de haute lisse en faveur du sieur de Fourcy, intendant des bâtiments. Bibl. nat. Collection Delamare. Fr. 21786, f. 255. « ..... la tapisserie de haulte lice qui a cy-devant fleury en ceste d. ville [Paris] et delaissée et discontinuée depuys q. q. années... » Remontrances du bureau de la ville au sujet des privilèges accordés en 1607 à Marc de Comans et à François de la Planche. J.-J. Guiffrey, *Histoire générale de la tapisserie ; tapisseries françaises, Renaissance*, p. 109. Nos citations de cet ouvrage, en cours d'impression, renvoient aux épreuves que l'auteur a bien voulu nous communiquer. « Les manufactures de tapisseries que les désordres des regnes precedents avaient abolies. » Sauval, *Antiquités de Paris*, II, 506.

6. Guiffrey, ouvr. cité, 1-2, 79.

7. Guiffrey, 79.

vince un assez grand nombre d'ateliers privés [1], mais notre pays n'en faisait pas moins venir de l'étranger, particulièrement de Flandre, la plupart des tentures qui décoraient les églises et les appartements.

Ce fut en 1597 que Henri IV établit rue Saint-Antoine, dans la maison professe des Jésuites, devenue vacante par suite de leur expulsion, une manufacture royale sous la direction de Girard Laurent, auquel il associa plus tard Maurice Dubout [2]. Du premier de ces artistes on ne connaît que le nom. On en sait un peu plus sur le second, que les historiens appellent à tort Dubourg [3]; il était sorti de l'école de la Trinité et il exécuta pour l'église Saint-Merry, en vertu d'un marché passé le 2 septembre 1584 [4], une suite de tapisseries représentant les scènes de la vie de Jésus-Christ et dont deux fragments sont parvenus jusqu'à nous [5]. Lorsque les portes de la France se rouvrirent pour les Jésuites, à la fin de 1603, la manufacture à la tête de laquelle se trouvaient toujours Laurent et Dubout fut transportée au Louvre [6].

Ses produits faisaient l'admiration des étrangers. L'ambassadeur anglais, George Carew, dans sa relation sur l'état de la France écrite en 1609, nous apprend que ces tapisseries coûtaient 16 couronnes l'aune, à cause de la perfection du travail et malgré la simplicité de la matière où n'entrait ni or ni argent; il ajoute qu'elles étaient recherchées par les cardinaux et les princes italiens [7]. Nous savions déjà que les tapisseries fabriquées au Louvre

---

1. Il existait en effet partout des corporations de tapissiers, mais tous les tapissiers n'étaient pas des fabricants de tapisseries. Ce terme n'était pas moins compréhensif que celui même de tapisserie; on l'appliquait aux fabricants et aux marchands de certains tissus et, comme de nos jours, aux marchands d'une foule d'objets et d'étoffes d'ameublement. Voy. Lacordaire, *Notice historique sur la manufacture des Gobelins et de tapis de la Savonnerie.* 1853, p. 12, n° 2.

2. Lacordaire, p. 28.

3. Sauval, Palma Cayet, Lacordaire. P. Cayet s'est trompé plus gravement encore en faisant de Dubout un étranger et un fabricant de soieries et en mettant sa manufacture à la Maque. *Chronologie sept.*, p. 259. C°° Michaud et Poujoulat. Richer, au rapport de Sauval (II, 508), a partagé ces deux erreurs.

4. Et non 1594, comme le dit Sauval et, d'après lui, M. Lacordaire. Le marché a été publié pour la première fois par M. Guiffrey, p. 92.

5. L'un est conservé au musée de Cluny, l'autre au musée des Gobelins. Guiffrey, 89, n. 2.

6. Lacordaire, p. 28, n. 3.

7. In his new buildings at the Louvre, the first place finished was delivered to some Netherlanders, who work in haute lice with such curiousness, as every

étaient des tapisseries de haute lisse[1]; grâce à Carew, nous savons qu'elles n'étaient pas rehaussées d'or ni d'argent et nous connaissons bien dès lors les caractères par lesquels elles se distinguaient au point de vue technique de celles dont nous parlerons tout à l'heure. Le roi avait attaché à l'atelier du Louvre un peintre, Toussaint Dubreuil, et un sculpteur, Tremblay[2]. Henri Lerambert, son peintre ordinaire, fournissait aussi des patrons pour les tapisseries de haute lisse. A la mort de Lerambert, en 1610, Guillaume Dumée et Laurent Guyot obtinrent, à la suite d'un concours, le brevet de peintres ordinaires[3]. Les apprentis, sortis de l'atelier de Laurent et de Dubout, jouissaient, comme tous ceux qui avaient appris leur métier dans la galerie du Louvre, du privilège de s'établir sans lettres de maîtrise et sans chef-d'œuvre. En fondant des établissements particuliers, les anciens élèves du Louvre propageaient les procédés de la haute lisse et préparaient la restauration de cette industrie déchue, l'influence de la manufacture royale sur l'industrie privée était celle d'une pépinière d'artistes connaissant tous les secrets de leur métier.

Cette manufacture survécut longtemps à Henri IV, on peut dire qu'elle lui survit toujours. Longtemps après sa mort, on retrouve au Louvre Girard Laurent et Maurice Dubout, leurs fils les y remplacent, et la translation même de la manufacture de haute lisse du Louvre aux Gobelins dans le dernier tiers du XVIIᵉ siècle[4] ne peut faire oublier son origine, pas plus qu'elle n'a altéré essentiellement son caractère.

En même temps qu'il fondait à Paris une fabrique de tapisseries de haute lisse, Henri IV songeait à attirer en France des tapissiers flamands. Déjà, sous le règne de son prédécesseur, en 1583, le projet d'établir à Tours la fabrication des tapisseries de Flandre avait été conçu[5], puis, selon toute apparence, abandonné. Dès 1599, la pensée de faire venir des tapissiers flamands était

Flemish ell of that tapestry amounteth to sixteen crowns, though it hath neither silver nor gold in it; and at that price some cardinals and other princes of Italy cause suits thereof to be made for them. *Op. laud.* On voit que les souvenirs de Carew l'ont trompé sur la nationalité de Laurent et de Dubout.

1. Voy. le brevet de M. de Fourcy cité plus haut.
2. Sauval, II, p. 506. Guiffrey, p. 105.
3. Lacordaire, p. 35-36.
4. Guiffrey, p. 104.
5. Archives municipales de Tours. Délibérations du conseil de ville. Inven-

arrêtée chez le roi et les termes du document qui nous révèle ce fait autorisent même à dire que des négociations avaient déjà été engagées dans ce but[1]. Nous ne pouvons déterminer d'une façon précise l'époque à laquelle les deux artistes auxquels Henri IV s'était adressé répondirent à ses avances; ce qu'il y a de certain, c'est qu'au commencement de 1601 c'était un fait accompli, puisque le 12 janvier de cette année le roi les plaçait sous la direction de l'intendant général de ses bâtiments, M. de Fourcy, déjà chargé de la manufacture de haute lisse[2].

Quel était le genre de fabrication que ces deux industriels, nommés Marc de Comans et François de la Planche, apportaient de leur pays? Cette question pouvait, jusqu'à ces derniers temps, présenter quelque incertitude. Le brevet précité de M. de Fourcy en date du 4 janvier 1599 dit que c'est pour concourir à la restauration de la tapisserie de haute lisse que le roi se proposait de faire venir des ouvriers des Pays-Bas[3]. P. Cayet, qui parle des ouvrages de Comans et de la Planche pour les avoir vus, les considère comme des ouvrages de haute lisse[4]. Pour M. Lacordaire, ce sont aussi des ouvriers haut-lissiers qui vinrent se fixer à Paris[5]. Mais nous croyons que ces autorités ne peuvent prévaloir contre le texte si heureusement découvert par M. Guiffrey. Dans les remontrances présentées par le bureau de la ville contre les privilèges accordés aux deux associés nous lisons : « Et d'aultant que la tapisserie de haulte-lice qui a cy devant fleury en ceste dite ville et délaissée et discontinuée depuys quelques années est beaucoup plus précieuse et meilleure que celle de la Marche dont ils usent aux Païs Bas, qui est celle que l'on veult establir[6]. » Il est impossible de souhaiter un texte plus décisif. Que Henri IV ait eu en 1599 l'intention de faire venir en France des tapissiers

___

taire ms. conservé au ministère de l'intérieur et communiqué par notre confrère, M. B. Prost. Henri IV avait repris ce projet, mais la mort l'empêcha d'y donner suite. Giraudet, *Hist. de Tours*, 180.

1. « ... espérant aussi [le Roi] que le dessein qu'elle a de faire venir des Païs-Bas grand nombre d'ouvriers pour travailler ausd. tapisseries reussira... » Brevet précité du s^r de Fourcy.

2. Lacordaire, p. 30. Un compte de dépenses de la même année constate un don de 200 écus fait à François Verrier ou Vessier, tapissier flamand, pour l'attirer en France avec d'autres ouvriers. Guiffrey, p. 109.

3. Voy. le passage cité plus haut.

4. *Chronologie sept.*, p. 258-259, à l'année 1603.

5. P. 30.

6. Guiffrey, p. 109.

haut-lissiers, cela est possible, mais il est certain que ceux qui y
étaient venus, que Marc Comans et François de la Planche ne
fabriquaient pas de tapisseries de haute lisse, qu'ils ne pouvaient
par conséquent fabriquer que des tapisseries de basse lisse qu'on
appelait alors tapisseries de la Marche, soit parce que la province
de ce nom était le centre de cette industrie, soit à cause de la
pédale qui distinguait le métier de basse lisse.

La fabrication des deux artistes flamands ne se distinguait pas
seulement de celle du Louvre par la disposition horizontale de la
chaîne sur le métier. Ce qui la caractérisait aussi, c'était les rehauts
d'or et d'argent dont ils enrichissaient leurs produits. En même
temps que des tapisseries de luxe, ils en fabriquaient de plus communes de la même qualité et du même prix que celle des Pays-
Bas[1]. P. Cayet vante la vérité et la vie qu'ils savaient mettre
dans leurs ouvrages[2].

Les débuts de Marc Comans et de François de la Planche à
Paris ne furent pas exempts de difficultés. Ils subirent plusieurs
pérégrinations[3] avant de trouver aux Gobelins une installation
définitive. L'argent leur manqua. Ils avaient supporté les premiers frais d'établissement et fait face aux dépenses courantes
jusqu'en 1606 avec leurs ressources personnelles. Le roi avait
espéré qu'un capitaliste, nommé Largentier, s'associerait avec eux,
mais celui-ci, n'ayant qu'une foi médiocre dans le succès, se borna
à leur prêter à intérêt et ne voulut pas risquer de l'argent dans
l'entreprise. Ils firent donc appel au roi[4] qui, placé entre la nécessité de faire des sacrifices pécuniaires et la perspective de voir
avorter une œuvre qu'il avait à cœur, se décida à leur accorder
des avantages considérables. Dans les lettres patentes du mois de
janvier 1607, rien n'était oublié pour assurer leurs intérêts et
flatter leur amour-propre, non plus que pour naturaliser leur
industrie en France. Ils obtenaient pour une période de quinze

1. At another place called the Gobelins, there is other tapestry wrought of
rich stuff and quality most of it consisting of gold threads which I have not
seen any where but there, and likewise other ordinary suits of tapestry of
all sorts, of the price and goodness, that they are made in the Low countries.
G. Carew's Relation dans Birch, p. 434.

2. « ... et ne se pourroit jamais rien voir de mieux, ny pour les personnages
auxquels il semble qu'il ne leur reste plus que la parole, ny pour les paysages
et histoires qui sont représentées après le naturel... » *Chronologie sept.*, p. 59.

3. Lacordaire, p. 33.

4. Lettre de Henri IV à Sully, 21 juillet 1606. *Lettres miss.*, VI, 643.

ans[1] un monopole excluant aussi bien la fabrication et la vente en France que l'importation étrangère. Les matières premières employées par eux étaient, ainsi que leurs ouvrages, exemptes de tous droits, leurs ouvriers étrangers étaient traités comme regnicoles et affranchis de toutes tailles, subsides, gardes et impositions. Le roi prenait à sa charge les frais de leur établissement à Paris et ailleurs, il concourait aux dépenses de l'entreprise par une subvention de 100,000 livres tournois. Voilà pour les avantages accordés à leur industrie. Ils recevaient en même temps des distinctions honorifiques et certains avantages personnels : ils étaient anoblis, devenaient commensaux du roi, ses pensionnaires pour la somme annuelle de 1,500 livres chacun, obtenaient l'autorisation d'exploiter des brasseries de bière partout où ils voudraient, étaient garantis contre les conséquences de leur expatriation, avaient leurs causes commises au parlement de Paris. En échange de tant de faveurs, ils prenaient l'engagement de ne pas vendre leurs tapisseries plus cher que celles qu'on importait des Pays-Bas[2] et de maintenir constamment en activité quatre-vingts métiers, dont soixante à Paris et vingt à Amiens ou dans toute autre ville de leur choix. Le roi devait placer dans leurs ateliers vingt-cinq apprentis la première année et vingt les deux années suivantes. Ces privilèges soulevèrent les protestations du bureau de la ville, protecteur naturel de l'intérêt des tapissiers parisiens, mais le roi n'en tint pas compte. Il ne cessa d'étendre sa protection sur les directeurs des Gobelins. Au mois de mars 1607, il presse Sully de leur faire payer leur subvention de 100,000 liv. ; sans quoi ils ne pourraient, dit-il, continuer leurs travaux[3]. La même année, il écrit à son ambassadeur dans les Provinces-Unies de les assister dans un procès qu'ils venaient de perdre à Amsterdam et qu'ils poursuivaient en appel à la Haye[4].

En pourvoyant libéralement à l'établissement de la tapisserie de basse lisse à Paris, Henri IV assura l'avenir de cette industrie, il fut le fondateur des Gobelins. Nous renvoyons ceux de nos lecteurs qui voudraient s'assurer de la vérité de cette assertion

---

1. M. Lacordaire dit vingt-cinq ans (p. 32), mais nous avons préféré suivre l'analyse très complète donnée par M. Guiffrey, p. 108.

2. On sait par la relation de Carew qu'ils étaient fidèles à cet engagement. Voy. plus haut.

3. Lettres du 15 et du 29 mars 1607. *Lettres miss.*, VII, 131, 155.

4. *Ibid.*, VII, 450.

et suivre la succession des Comans à la tête de la manufacture
aux savantes recherches de M. Guiffrey. Il resterait à savoir si
les nouveaux ateliers créés par les élèves des Gobelins à Paris ou
en province furent assez nombreux pour faire de la tapisserie de
basse lisse, qui était déjà une industrie locale[1], une industrie
nationale et pour rendre pratique et applicable la prohibition des
tapisseries étrangères établie par le roi dès 1599[2]. C'est surtout
aux érudits de province qu'il appartient de nous éclairer sur cette
question en retrouvant les traces des fabriques qui purent être
créées dans diverses parties de la France sur le modèle des Gobelins.

C'est encore Henri IV qu'on trouve à l'origine de la manufacture de la Savonnerie. Un étranger, Jean Fortier, dont la nationalité nous est inconnue, fit agréer par la commission du commerce le projet d'établir en France l'industrie des tapis façon
d'Orient. La commission proposa de lui accorder une avance de
3,000 livres, de mettre gratuitement à sa disposition les locaux
nécessaires et de lui conférer le droit de surveiller l'exercice de
cette industrie nouvelle jusqu'à ce qu'elle eût été réglementée
par le roi. Il prenait l'engagement de former en trois ans des
apprentis français qui ne pourraient néanmoins s'établir et lui
faire concurrence que deux ans après être sortis d'apprentissage[3].
On ignore pourquoi le silence se fait tout à coup sur Jean Fortier.
Dans le compte-rendu des délibérations et des résolutions de la
commission qu'il publia en 1604, Laffemas range son projet parmi
ceux que la commission avait adoptés, mais que le conseil n'avait
pas encore examinés[4]. Quoi qu'il en soit, l'idée de créer en France
l'industrie des tapis de Turquie ne fut pas abandonnée, et ce que
Jean Fortier n'avait pas fait, Pierre Dupont le fit. En 1604 le roi
ordonna à M. de Fourcy de faire construire pour lui sous la galerie du Louvre un logement et un atelier[5]. Le 4 janvier 1608, il

---

1. On sait qu'on travaillait en basse lisse dans la Marche et particulièrement
à Aubusson.

2. Édit de janvier 1599 défendant l'importation des tapisseries, camelots,
bureaux et autres étoffes mêlées de soie manufacturées aux Pays-Bas et ailleurs. Registre du Conseil. Bibl. nat., Fr. 18165, f. 67 v°. Arrêt du 11 sept. 1601
défendant l'entrée des tapisseries étrangères à personnages, bocages ou verdures,
dans Lacordaire, p. 31.

3. Séance du 23 juillet 1604. Champollion, p. 211-213. Voy. aussi p. 200, 202.

4. Art. 21. Champollion, p. 292.

5. Lacordaire, p. 39-40, d'après l'ouvrage de Pierre Dupont, *Stromatourgie ou
de l'excellence de la manufacture des tapis dits de Turquie nouvellement*

lui accordait un brevet de logement[1], qui ne faisait sans doute que régulariser une jouissance de fait déjà constatée par le premier état des artistes logés dans la grande galerie (1607)[2]. George Carew parle des tapis tissés exclusivement en soie et imités des tapis persans qu'il avait vus au Louvre[3]. La mort de Henri IV mit en péril l'entreprise de Pierre Dupont, mais celui-ci fit appel à Louis XIII en 1626, s'associa Simon Lourdet et fut installé en 1627 dans la maison de la Savonnerie, près Chaillot, avec le privilège de fabriquer toute sorte de tapis, d'ameublements, et d'ouvrages du Levant en or, en argent, en soie et en laine. Pour l'industrie des tapis du Levant, comme pour celle de la haute lisse et de la basse lisse, l'histoire aura à déterminer l'extension qu'elle prit, l'importance de sa production, mais ce qui est acquis dès à présent, c'est l'initiative de Henri IV et le succès qui la couronna.

Nos pères tendaient leurs intérieurs de cuirs gaufrés, peints, argentés, dorés, qui, bien que dus à un travail tout différent de celui des tapisseries, doivent en être rapprochés, parce qu'ils servaient au même usage. C'était surtout l'Espagne qui excellait dans cette industrie. Un fabricant de cuir doré, Scipion de Rozan, présenta requête au roi pour obtenir pendant dix ans le monopole de la fabrication de ces tentures qu'il se faisait fort de fabriquer avec la même perfection que nos voisins. Sa requête fut renvoyée à la commission du commerce. Celle-ci, qui avait déjà eu à examiner une demande du même genre émanée d'un autre industriel, après avoir consulté des experts et vu des échantillons du savoir-faire du pétitionnaire, proposa de lui accorder un privilège de dix ans pour le cuir doré drapé qui constituait une invention nouvelle, et de cinq ans pour le cuir doré façon commune[4]. Un arrêt du conseil du 21 août 1604[5] et des lettres patentes de même date[6] con-

establie en France sous la conduite de noble homme Pierre du Pont, tapissier ordinaire du Roy esdits ouvrages. A Paris, en la galerie du Louvre, en la maison de l'autheur. 1632, in-4°. Bibl. nat. Réserve. MM. Darcel et J. Guiffrey viennent de publier une nouvelle édition de cet ouvrage pour la _Société de l'histoire de l'art français._

1. Publié par M. Lacordaire, p. 39.
2. Guiffrey, p. 104.
3. « Besides, at the same place [au Louvre] are wrought sundry sorts of rich carpets made all of silk after the fashion of those of Persia. » Dans Birch, p. 434.
4. Séance du 9 avril 1604. Champollion, p. 171.
5. Bibl. nat. Fr. 10843 à la date.
6. Arch. nat. Reg. du Parl. Xia 8645, fol. 207.

férèrent à Scipion de Rozan un privilège de dix ans qu'il devait partager avec Nicolas Grancotte, sans distinguer, comme l'avait suggéré la commission, entre le cuir doré drapé et le cuir doré connu précédemment. Les ateliers furent établis aux faubourgs Saint-Honoré et Saint-Jacques ; l'on y faisait travailler des pauvres[1].

On a vu que l'industrie des maroquins florissait à la Rochelle à la fin du xvi⁰ s., mais elle paraît y être restée localisée jusqu'au moment où Henri IV accepta les propositions d'un négociant flamand, nommé Guillaume Albert, pour l'établir en grand dans notre pays. Le plan de celui-ci consistait à faire venir un grand nombre de fabricants de Gand, de Malines, d'Amsterdam, d'autres villes des Pays-Bas, et de fonder, avec le concours des capitalistes de son pays et du nôtre, une société pour l'exploitation de cette industrie dans toute la France. Il mettait à son entreprise des conditions que le roi accepta, si exorbitantes qu'elles fussent, tant il était frappé de la consommation considérable de maroquins qui se faisait en France et du profit que ses sujets trouveraient à fabriquer eux-mêmes ce qu'ils tiraient de l'étranger. Guillaume Albert obtint un monopole de vingt ans ; les certificats de capacité délivrés par lui devaient avoir la même valeur que des lettres de maîtrise, les directeurs de manufactures et les ouvriers étrangers deviendraient Français après un séjour de trois ans et seraient exempts du guet et de la garde urbaine. Le roi s'engageait à ne pas augmenter pour l'entrepreneur et ses associés, pendant la durée de leur privilège, les droits d'entrée sur les peaux, les cuirs et les matériaux nécessaires à leur fabrication ; les produits manufacturés étaient affranchis de droits de douane, de péages, passages, traites foraines, etc. L'exportation des peaux de chèvres brutes était interdite[2]. C'est sans doute à une entreprise aussi largement conçue que la France dut un développement de la fabrication qui lui permettait quelques années après la mort de Henri IV de se suffire presque entièrement à elle-même[3].

---

1. Palma Cayet, *Chr. sept.*, p. 284 à l'année 1604.

2. Les lettres patentes de privilèges sont datées d'août 1608. Arch. nat. Reg. des bannières, Y 14 f. 18. On ne s'étonne pas que les cours souveraines aient protesté contre des privilèges aussi étendus. Voy. lettres de jussion pour l'enregistrement pur et simple des précédentes adressantes à la Chambre des comptes. 27 août 1609. Ibid., f. 25.

3. Montchrétien, p. 106-107. Voy. aussi la Gomberdière dans Fournier, recueil cité, p. 119.

Les industries dont il nous reste à parler sont trop nombreuses pour pouvoir nous arrêter longtemps et trop diverses pour pouvoir être soumises à une classification. Nous les aurions même passées sous silence dans un travail qui n'est qu'un chapitre d'un livre sur l'économie sociale de la France sous le plus grand de ses rois, si la multiplicité et la variété des industries et des découvertes auxquelles Henri IV accorda son patronage ne contribuaient pas à faire connaître l'activité industrielle de son temps et l'intelligence du souverain ouverte à toutes les idées, sympathique à tous les progrès.

En entreprenant de dérober à Venise le secret de ses verreries, Henri IV ne faisait que suivre les traces de Henri II, mais les cristalleries créées par ce prince à Saint-Germain-en-Laye n'avaient pas subsisté au delà de Charles IX[1]. Le duc de Nevers, Italien d'origine, avait relevé à Nevers cet art italien que nos rois avaient laissé dépérir, et il avait joint à la verrerie de cristal blanc la verrerie colorée et irisée[2]. Ce fut lui qui poussa le roi à faire revivre cette industrie[3]. Dans les entreprises encouragées par Henri IV, il faut distinguer celles qui furent dirigées par des Italiens et celles à la tête desquelles on trouve des Français. En 1597, deux Milanais, Vincent Busson et Thomas Bartholus, établirent à Rouen une verrerie qui fut encouragée par Henri IV. Leur entreprise n'ayant pas réussi, ils devinrent les associés de Jacques Sarrode, autre Italien qui exploitait depuis longtemps des cristalleries à Paris, à Nevers et à Lyon avec son frère Vincent Sarrode et son neveu Horace Ponte[4]. En août 1597, le roi accorda aux Sarrode et à Ponte l'autorisation d'en établir une autre à Melun en interdisant la création de maisons rivales à Paris ou à la distance de trente lieues de Paris, sans préjudice toutefois des établissements actuels ou futurs de Feugère et de Pierre[5]. Comme maisons françaises, nous signalerons les verre-

---

1. J. A. de Thou, VI, 169-170, anno 1603. P. Cayet, *Chronologie septenaire*, 259, même année.

2. P. Cayet, *loc. cit.*

3. P. Cayet, *loc. cit.*

4. Gosselin, 126-128. Isambert, XV, 164. Dès 1594, Jacques Sarrode sollicitait le privilège de cette industrie à Lyon où il l'avait introduite le premier. Nous n'hésitons pas en effet à reconnaître Jacques Sarrode dans le *Saignes Sacrado* au sujet duquel Henri IV écrivit à M. de Bellièvre une lettre du 4 octobre 1594 publiée par M. Halphen.

5. Isambert, *loc. cit.*

ries fondées à Rouen par un provençal d'Aix, François de Gar-
sonnet, qui obtint du roi le 8 mars 1605 un privilège de dix ans
pour la Normandie, privilège qui fut renouvelé pour la même
période par Louis XIII[1], les cristalleries fondées à Paris et ailleurs
en 1606 et 1607 par Jean Maréchal, qui venait de découvrir de
son côté le secret de faire des verreries à l'instar de Venise[2].
Maréchal présenta requête pour obtenir un privilège à Paris et
dans un rayon de trente lieues, ou plutôt pour partager celui dont
jouissait déjà Feugère. Le 10 février 1609, le conseil du roi le
lui accorda provisoirement et en attendant l'information à laquelle
sa requête devait donner lieu. L'entrée et la vente de tous les
cristaux ne sortant pas de ses ateliers ou de ceux de Feugère
étaient interdites, les cristaux italiens étaient seuls exceptés[3]. La
manufacture de Maréchal à Paris survécut à Henri IV et fut
confirmée dans ses privilèges en 1650[4].

Des manufactures de faïences et de poteries blanches et colo-
rées furent établies à Paris, à Nevers, à Brissambourg en Saintonge[5]. Les frères Varicq de Delft, qui avaient introduit en France
la fabrication d'un nouveau genre de tuiles courbes et plombées,
obtinrent un privilège pour toute espèce de tuiles et de carreaux
simples ou émaillés, de faîtages[6] et d'autres objets propres à la
décoration des édifices, se virent protégés contre les vexations
des couvreurs et encouragés dans le projet d'étendre leur industrie qui comptait déjà des établissements dans plusieurs villes,
notamment à Paris et à Orléans[7].

Le blanc de plomb ou sous-carbonate de plomb, qui servait
aux peintres, aux médecins, aux vétérinaires, venait de l'étranger. La commission du commerce proposa d'accorder pour dix
ans à Claude Duhamel, maître plombier et fontainier, le monopole de la fabrication dont il avait découvert les procédés, à charge

1. Gosselin, p. 128.
2. Lettres pat. permettant à Maréchal d'établir une verrerie à Paris. Fév. 1606.
Lettres pat. permettant à Beringhen, Vernezon et Maréchal d'établir des verreries à Paris et dans d'autres villes. Mars 1607. Reg. du Parl. à la date. J. Laffemas, *Hist. du commerce*, p. 421.
3. Bibl. nat. Fr. 18175 à la date.
4. Arch. nat. Reg. des ordonnances enregistrées au Parlement, à la date.
5. J. A. de Thou, *ubi supra*.
6. C'étaient sans doute des faîtages en faïence peinte et vernissée, comme on
en voit au musée céramique de Sèvres.
7. Lettres pat. du 28 mai 1599, du 13 mars 1600, du 16 octobre 1603, du
15 mai 1604, du 21 mai 1609. Reg. des ordonnances du Parl. à la date.

de ne vendre qu'en gros, de vendre à raison de 15 livres le cent, de fournir tous les épiciers et peintres de Paris et de la prévôté et d'apprendre la fabrication à des Français[1]. En 1604, la France fabriquait du blanc de plomb beaucoup meilleur et moins coûteux que celui de l'étranger[2].

La commission du commerce accueillit aussi favorablement deux inventions dues à l'horloger du roi, Antoine Ferrier ou Février[3]. Elle proposa de lui accorder un brevet de vingt ans pour l'exploitation d'un procédé permettant de joindre ensemble sans soudure les tuyaux de plomb servant à la conduite des eaux. Elle y mit comme condition que l'inventeur apprendrait son procédé à des Français[4]. Elle sollicita également en faveur de Ferrier le privilège d'exploiter pendant vingt ans ses systèmes pour faire tourner les moulins à tous les vents sans déplacer le corps du moulin et pour faire monter l'eau plus facilement que par le passé[5].

La fabrication des faux fut établie à Vizille et à Voiron en Dauphiné dans les dernières années de Henri IV. Les entrepreneurs, qui avaient fait des frais considérables et qui voyaient leur industrie menacée par les produits étrangers moins coûteux et de qualité inférieure, sollicitèrent la prohibition des faux étrangères et le monopole de la fabrication en France. Le conseil d'Etat, auquel leur requête avait été renvoyée, fut d'avis de restreindre la prohibition et le monopole qu'ils demandaient aux provinces qu'ils étaient en mesure d'approvisionner, c'est-à-dire au Dauphiné, à la Provence, au Languedoc, au Lyonnais, au Forez, au Beaujolais et à la Bresse[6]. Nul doute que des lettres patentes, conformes à cet avis, n'aient été accordées aux hommes qui avaient doté le sud-est de la France d'une industrie nouvelle.

Nous venons de passer en revue la plupart des entreprises industrielles qui furent provoquées ou encouragées par le gouvernement de Henri IV, en indiquant autant que possible le sort qui leur échut. Nous devons en finissant jeter un coup d'œil sur

---

1. Procès-verbaux 75-76, 84. *Recueil de ce qui se passe... loc. cit.*, 288.

2. P. Cayet, *Chronologie sept.*, p. 284.

3. C'est sous cette dernière forme que son nom se présente dans une lettre à l'échevinage de Paris du 20 juin 1606 par laquelle Henri IV le nomme garde de la porte de la Tournelle ou de Saint-Bernard. *Lettres miss.*, VI, 627.

4. Séance du 8 avril 1603. Procès-verbaux, p. 80. Cf. P. Cayet, *Chronologie sept.*, p. 284, anno 1604.

5. Procès-verbaux, p. 101.

6. Reg. du conseil. Bibl. nat. Fr. 18176, f. IXxx VII v°.

l'ensemble de l'industrie française à la mort du roi et mettre ainsi le lecteur, qui connaît déjà sa situation au moment de son avènement, à même de se rendre compte du progrès accompli.

Des deux industries principales de la France, la draperie et les toiles, la première était en décadence et continuait à souffrir de la concurrence étrangère[1]. Pour les toiles communes, la France était à la tête de la production et par la quantité et par la qualité[2]. Quant aux toiles fines, plusieurs manufactures fondées sous le patronage du roi et avec le concours d'ouvriers hollandais subsistaient encore[3]. Nous étions restés les premiers dans la chapellerie qui était surtout active à Bourges, à Orléans, à Paris et à Lyon[4]. La France importait encore des bas de soie pour une valeur de plus de trois millions de livres par an, mais la fabrication de cet article s'était introduite à Rouen[5] et florissait dans le Hurepoix et la Beauce, en même temps que la fabrication des bas de laine[6]. De toutes les industries qui avaient attiré l'intérêt de Henri IV, aucune ne l'avait occupé d'une façon plus suivie que la soierie, mais le succès final n'avait pas répondu à sa sollicitude ni à ses sacrifices. Il n'avait pas réussi à populariser la sériciculture et, autant qu'on peut en juger par les documents ou par le silence même de l'histoire, les nouvelles manufactures de soieries, à l'exception d'une seule, ne lui avaient pas survécu et les anciennes n'avaient pas retrouvé leur prospérité primitive. Toutefois le germe de la renaissance de la fabrique lyonnaise avait été semé, et par la protection qu'il accorda à l'inventeur du métier à la tire et des façonnés, Henri IV mérite d'être considéré comme le père d'une des industries qui font le plus d'honneur à notre pays[7]. Par un heureux contraste, tout ce qu'il avait fait en faveur de la tapisserie avait réussi et c'est à lui qu'il faut faire remonter l'origine des Gobelins et de la Savonnerie[8]. La tannerie

1. Voy. plus haut.

2. *Ibid.* et Montchrétien, p. 86-89.

3. Voy. plus haut, et Montchrétien, *loc. cit.*

4. Montchrétien, p. 84.

5. *Ibid.*, p. 102.

6. Voy. plus haut. « Et d'autant que les bas d'estames que l'on appelle communs... se fabriquent à Dourdan et lieux circonvoisins de Beausse... » Statuts des bonnetiers de Paris. 1608. Bibl. nat., collection Delamare, Fr. 21792, pièce 137.

7. Voy. plus haut.

8. Voy. ci-dessus.

était une des industries les plus florissantes du royaume et la concurrence étrangère ne lui faisait pas de tort, grâce à la surveillance qui s'exerçait sur les cuirs étrangers. Cependant, quelques
années après la mort du roi, les cuirs avaient beaucoup perdu de leur
qualité et la tannerie était sur une pente qui pouvait la ramener
au discrédit et à la stagnation où le roi l'avait trouvée[1]. La fabrication des maroquins était assez développée pour suffire à la consommation du pays[2]. Celle du papier avait encore plus d'importance, car non seulement elle égalait nos besoins, mais elle
donnait lieu à un commerce d'exportation. Seulement, depuis la
mort du roi, la papeterie française avait à redouter la concurrence des Anglais qui avaient établi en France des moulins à
papier[3]. Enfin nos verreries et nos cristalleries avaient fait preuve
de vitalité et, si Venise conservait le monopole des grands
miroirs[4], la petite miroiterie s'était perfectionnée chez nous.

Lorsqu'elle perdit son roi, la France travaillait à reconquérir
le rang industriel qu'elle occupait sous Henri II et d'où les guerres
de religion l'avaient fait descendre. Plusieurs branches d'industrie étaient redevenues florissantes, beaucoup d'autres continuaient
à végéter[5]. Une partie de la population valide ne trouvait pas à
s'occuper, allait chercher de l'ouvrage à l'étranger, se livrait au
vagabondage, à la mendicité. Au reste, pour exprimer la mesure
dans laquelle le succès avait récompensé les efforts du roi, nous
n'avons qu'à emprunter les termes d'un contemporain que son
esprit d'observation, son expérience des affaires[6] rendent le meil-

1. Voy. ci-dessus, et Montchrétien, p. 106-107.
2. Voy. plus haut, et Montchrétien, p. 107.
3. Montchrétien, p. 116-117. A Troyes notamment la papeterie était très active.
Elle fut protégée contre la concurrence de la Lorraine, où s'étaient établis des
moulins à papier, avec le concours des plus habiles ouvriers de Troyes, par un
arrêt du conseil du 10 mars 1605, prohibant la sortie des chiffons et l'entrée du
papier pour tout le royaume. Bibl. nat. Fr. 18168 à la date.
4. En 1632 un Vénitien était sur le point d'établir en France l'industrie des
miroirs de grande dimension. Le résident de la Sérénissime République, entre-
tenant le doge de l'importance qu'il y a à faire avorter cette entreprise et à
rappeler dans sa patrie ce *maestro de specchi grandi*, dit : « Quest'arte di far specchi grandi non si trova che a Venetia e sarebbe novissima qui... » Copie des
dépêches des ambassadeurs vénitiens. Bibl. nat. Filza 82, n° 440. Voy. aussi
Levasseur, II, 200.
5. Montchrétien, p. 107.
6. Voy. J. Duval, *Un économiste inconnu du XVIIᵉ siècle. Traité de l'écon.
polit. par A. de Montchrétien, sʳ de V.* In-8°. Guillaumin, 1868.

leur juge de cette question : « Nostre feu Roy..., dit Montchrétien, a fait connoitre en beaucoup de subjets l'honorable passion
qu'il avoit d'embellir son royaume de toutes sortes d'artifices. Il
a receu volontiers ce qu'on luy a proposé à ceste fin, l'a favorisé
d'avantageux privilèges et quelquefois a fourni le principal nerf
qui donne le mouvement... Ces bons mouvemens... ont été suivis
de différens effects, les uns profitables, les autres non du tout
respondans à la sincérité de ses intentions[1]. » Ces résultats paraî-
tront fort honorables, si l'on réfléchit que, sur vingt ans de règne,
le roi et le pays n'en purent guère consacrer que douze à une
activité pacifique et féconde, que les huit autres furent perdus
pour l'épargne et le travail. Si ces douze années de paix et de
sécurité intérieure ne profitèrent pas davantage encore à l'industrie nationale, il ne faut pas l'attribuer aux erreurs économiques
du temps ni à l'influence qu'elles purent exercer sur les mesures
de Henri IV. La plupart de celles qu'il adopta soit à l'égard de
l'industrie en général, soit à l'égard de certaines industries particulières qu'il s'agissait de fonder, étaient conformes aux idées
des hommes les plus éclairés de son temps et ne compromirent
nullement les intérêts qu'elles devaient servir. Ajoutons que l'honneur lui en appartient bien en propre, car, sans représenter Sully
comme l'adversaire obstiné de l'industrie et du luxe, ce qui est
démenti par maint passage de ce travail, il est certain du moins
que leur progrès alarmait son amour de l'économie et ses préjugés sur la richesse publique, et, si l'on cherche dans les conseils
du roi ou autour de lui l'homme qui a pu d'une façon continue
exciter, soutenir et éclairer son zèle pour l'industrie nationale,
on ne trouve que des gens spéciaux dont les avis et les exhortations n'ont pu être accueillis que par un esprit déjà convaincu
de l'importance de l'industrie, déjà fixé sur la nécessité de la
relever et de la développer. L'insuffisance des résultats obtenus
par Henri IV ne s'explique que par les circonstances dans lesquelles il avait pris le gouvernement, par le caractère et par les
mœurs du pays. La période de guerre civile et d'anarchie qui
s'était prolongée jusque bien avant sous son règne pesa toujours
sur le régime de paix et d'activité qu'il avait fini par fonder. Il
n'est pas aisé à un peuple qui a rompu pendant si longtemps avec

____

1. P. 38-39.

ses habitudes sédentaires, qui a vécu pendant si longtemps des agitations de la place publique, de retourner à l'atelier et au comptoir. En même temps que le goût du travail et de l'épargne s'était affaibli, le capital national avait beaucoup diminué. La noblesse et le clergé avaient été ruinés ; les préjugés du temps ne permettaient pas d'ailleurs à la première de se livrer personnellement à l'industrie qui était incompatible avec les devoirs du second. C'était encore dans la bourgeoisie qu'on trouvait le plus de fortunes, mais ces fortunes, acquises dans les charges publiques par des moyens plus ou moins légitimes[1], profitaient peu aux entreprises industrielles. La facilité de s'enrichir vite au service de l'Etat, le rang occupé dans la société par les financiers et les fonctionnaires attiraient la bourgeoisie vers les fonctions publiques et détournaient de la production bien des épargnes qui cherchaient dans les charges et les fermes un placement plus sûr et plus lucratif[2]. L'intelligence et la persévérance de Henri IV ne pouvaient triompher qu'à la longue des habitudes contractées pendant les guerres civiles, des défauts du caractère national, de la répugnance du capital à s'engager dans les affaires; or ce fut précisément le temps qui lui manqua. Il remplit du moins la mission qui incombe au pouvoir en pareille matière : il donna au pays la sécurité, rendit l'autorité populaire, développa le goût du travail et de l'économie, suscita l'initiative et l'esprit d'entreprise, ouvrit de nouvelles voies à l'activité de ses sujets[3].

1. Relation de George Carew dans Birch, p. 439. Relation de Badoer dans les *Relazioni degli stati Europei... nel secolo XVII* raccolte ed annotate da N. Barozzi e da G. Berchet, I, 85, 87.

2. « Les plus riches marchans quittent leur marchandise et jusques aux moindres artisans laissent leur train et mestier pour se faire... financiers. » Fromenteau, *Secret des finances...* 1581. Argument *in fine*. Relation de Carew *ubi supra*, p. 434. B. Laffemas, *Advis et remonstrance à MM. les commissaires... au faict du commerce*, 1600, p. 16. Laffemas explique l'abandon du commerce — et ce qu'il dit du commerce s'applique naturellement aussi à l'industrie — non seulement par le peu de considération dont jouit le commerçant, mais aussi par les devoirs de la vie civile que la loi lui impose, tels que les tutelles, et qui le détournent de ses affaires. Voy. *Traicté du commerce de la vie du loyal marchand...* Paris, Cavellat, 1601.

3. Nous avons laissé échapper deux erreurs dans la correction des épreuves de ce travail. P. 6, il faut lire *bas de laine* au lieu de *bas de tricot*. P. 13, le membre de phrase *en l'étendant aux commerçants* aurait dû être effacé.

APPENDICE.

AVIS DES NOTABLES NÉGOCIANTS DE LYON

SUR LES MOYENS DE RESTAURER LE COMMERCE DE CETTE VILLE.

Du[1] jeudy neuviesme jour de décembre, l'an mil six cens dix, après midy, en l'hostel commung de la ville de Lyon, y estans.......

Sont compareus sieurs Amable Thierry, Claude Poculot, Anthoine Charrier, Vincent Richard, Claude Pellot, Jehan de Loeille, Loys Puget, Jehan Duboys, Marin Dausserria, Jehan Verges, Hannibal Robbio, et Vidal Rabeyrin, tous marchans de lad. ville, et encores André Coste, genevois, sur l'advertissement qu'ilz ont heu de la part du consulat de l'intervention du Roy et de la Royne-mère, regente, pour le restablissement du commerce de ceste ville, ausquelz led. prevost des marchans a dict que, après plusieurs plaintes et remonstrances que lad. ville a faict et qu'elle continue faire par ses deputés de la ruyne dud. commerce, et finablement leurs Majestés ont escript sur ce subiect à Messieurs les trésoriers de France la lettre de cachet dont a esté faicte lecture par le greffier de lad. ville et qui sera cy-après enregistrée.

De par le Roy.

Noz améz et féaulx, aians considéré combien il importe au bien de noz subiectz et à la grandeur de nostre royaulme de favoriser le commerce et de l'accroistre par tous les moyens qu'il sera possible, soit entre noz subiectz de chacune province, ou entre noz subiectz et les estrangiers, nous avons délibéré de sçavoir en quoy conciste le principal trafficq qui se faict en nos provinces de Lyonnois, Forestz et Beaujollois, et de prendre advis de noz spéciaulx serviteurs des moyens desquelz on pourroit user pour l'augmenter, et d'aultant que les charges que vous tenez dans nosd. provinces vous donnent cognoisance d'une partie de ce qui se faict en la négociation, et que nous avons toute asseurance de l'affection que vous portez à nostre service, nous avons voulu en recepvoir une particulière instruction de vous. Pour cette occasion, sy tost que vous avez receu la présente, assemb[l]és-vous, appelés avec vous les personnes que vous estimerez entendre aud. commerce ;

1. Archives de la ville de Lyon. BB 146, f. 130 et suiv. Le savant archiviste du département du Rhône et de la ville de Lyon, M. Guigue, a bien voulu faire copier pour nous cette pièce, dont l'inventaire des archives municipales nous avait révélé l'intérêt.

dressés ung mémoire de ce en quoy il conciste avec les provinces circonvoisines ; quel utilité et quel proffict lesd. provinces en peuvent recepvoir, quel moyen il y a de l'accroistre et mesmes d'establir les manufactures qui défaillent ; faictes le mesmes pour le trafficq qui se faict avec les estrangiers, tant par terre que par mer ; adjoustez aussy à ce mémoire, bien particulièrement, quel nombre il y peult avoir d'ouvriers qui gaignent leur vie en la manufacture des soyes ; quel moyen il y a d'augmenter lesd. manufactures et de les accroistre tellement que noz subiectz feissent en cela le proffict qui va aux estrangiers, et y mectez aussi quelle quantité il peult avoir en Lyonnois de plan de meuriers blancz ; quelles contrées seroient les plus propres pour en eslever et par quelle voye on pourroit exciter noz subiectz à en planter en leurs terres, et sur le tout dressez vos mémoires par le menu et les envoyez au sieur Videsire Dumans, conseillier en nostre conseil d'estat et Arnauld, intendant de noz finances, ausquelz nous avons donné charge de cest affaire ; car tel est nostre plaisir. Donné à Paris, le xviiie jour de novembre 1610. Signé : Louis. Et plus bas : Phelipeaux. Et audessus est escript : A nos améz et féaulx conseilliers, les trésoriers généraulx des finances en la généralité de Lyon.

Après la lecture de laquele lettre, led. sieur Prévost des marchans a dict que lesd. sieurs trésoriers qui désirent contribuer tout ce qu'ilz pourront à ung sy bon œuvre, ont baillé lad. lettre au consulat pour avoir sur ce tous les advis et mémoyres qu'il se pourra, affin de pouvoir exécuter leur commission à l'utilité publique. Et c'est pourquoy lesd. comparans et plusieurs aultres qui n'y sont venus, ont esté appelléz présentement pour leur faire veoir le contenu de lad. lettre, traicter avec eulx de cest affaire par forme de communication et conférance, les priant d'y penser chacun à part soy et en communicquer aux aultres négotians, tant de la ville que des nations pour se trouver plus prestz en se conformant avec le corps de lad. ville quand ilz seront assembléz par lesd. sieurs trésoriers pour en dire leurs opinions.

Surquoy chacun des assistans aiant dict ce que bon luy auroit semblé et leur dire esté récapitulé, lesd. sieurs prévost des marchands et eschevins ont déliberé que les articles suivans seront baillés de leur part ausd. sieurs tresoriers qui seront priéz d'y avoir esgard et en charger leurs mémoires.

Sur les premier, deuxiesme et iiime chefz de la lettre du Roy : En quoy conciste le commerce de lad. ville, tant avec les provinces circonvoisines qu'avec les estrangiers ; quelle utilité et quel proffict lesd. provinces en peuvent recepvoir, et quel moien il y a de l'accroistre ?

Que lad. ville par le moien de sa situation a tousiours été jugée l'endroict le plus propre de ce royaulme pour y establir le fondement du commerce des Gaules. Elle fut bastie à ce desseing par les Romains qui en virent l'effect tout aussy tost. Nos roys l'ont ainsy recogneu et y ont transféré les foyres de Brie et Champaigne comme au lieu qui par information faicte par tout le royaulme et avec les voisins d'icelluy fust jugé le plus commode pour y attirer les estrangiers et remectre sus lesd. foyres au grand bien de tout l'estat, lequel en a tiré en toutes ses parties des commoditéz indicibles, tant et sy longuement que les privilleiges desd. foyres ont esté entretenus, d'aultant qu'il s'y faisoit ung sy grand négoce ramassé de tous les endroictz cogneus par les hommes, qu'il n'y avoit lieu plus célèbre au monde, soit pour le faict des marchandises ou pour les changes, et néantmoingtz il ne luy est resté au jourd'huy qu'une seule merque, qui est d'avoir la prérogative sur toutes les plasses de l'Europe, à qui celle de Lyon baille la loy pour la constitution du pris des changes, tellement qu'il ne fault demander de quoy conciste le commerce de Lyon ny quelle utilité il en peult provenir s'il est une foys restitué en la splandeur où il s'est veu, mesmes du règne de Loys douziesme, François premier, et Henry deuxiesme, depuis lequel temps il est tousiours allé déclinant par la violance que les troubles, les nouvelles impositions et les nouveaux éedictz et partis ont faict aux privilleiges desd. foyres desquelz dépend tout leur fondement.

Le moien donc (non pas d'accroistre led. commerce, car il est comme évanouy), mais de le restablir en la pluspart, sera bien facile à leurs Majestés ; il ne fault qu'une seule patente, par laquelle tout ce qu'a esté faict, introduict et ordonné contre les privilleiges desd. foyres ou dérogeant à iceulx, depuis le règne de Henry deuxiesme, soit révocqué, et déclairé que leursd. Majestés entendent que lesd. privilleiges soient en tout et partout maintenus et conservés, tant pour les regnicoles que pour les estrangiers, deschargeant lad. ville et les marchandises qui viennent ou seront négociées en icelle, de toutes lesd. impositions survenues depuis le règne dud. roy Henry deuxiesme, et déclairant lad. ville et lesd. foyres exemptes et exceptées de tous éedictz et contractz qui se trouveront faictz depuis lesd. temps au préjudice de la franchise et liberté d'icelle ville, desd. foyres et des marchans, tant regnicolles qu'estrangiers, qui les fréquentent.

Estant infallible que la publication de cette bonne nouvelle, qui sera incontinent portée de toutes partz, fera bientost reprendre à tous les négocians le chemin de Lyon, comme celuy auquel ilz peuvent avec plus de seureté, de liberté et d'utilité exercer leurs changes et négoces.

Les troubles, et spéciallement les derniers, ont détourné le commerce de Lyon, ayans les marchans esté contrainctz de chercher des voyes[1] plus asseurées par mer ou par les Allemaignes et la Lorraine pour éviter l'infidélité et l'impiété de la plupart de ceulx qui suivent la guerre, et pour éviter aussi les daces et impositions qu'elle avoit engendré. Et quand la paix universelle les a convié d'y revenir, ilz ont trouvé que tant s'en fault que lesd. impositions eussent esté abolies, qu'au contraire on les avoit augmenté et qu'il s'en estoit simenté[2] des nouvelles, voire que par succession de temps on les avoit tellement dilaté, que par

---

1. Le copiste a lu *foyres*.
2. Il faut probablement lire *inventé*.

exemple, la douanne de Vienne, qui ne fust jamais establie que pour durer jusques à ce que quatorze mille escus eussent esté levéz, a neantmoingtz continué et esté affirmé telle foys aultant ou à peu près que la doanne de Lyon, soubz pretexte d'une clause glissée par surprinse dans le bail du fermier, par laquelle il a voullu estendre ses limites jusques en Italie, Allemaigne, Auvergne, Vivarestz et Languedoc ayant assubiecty toutes les marchandises venans desd. lieux à passer par ses mains, jaçoit que l'intention de l'imposition eust esté de [ne] permettre la levée sinon sur les marchandises qui passeroient à Vienne ou sur le Rhosne, par le moyen de quoy la marchandise qui a payé à Vienne en venant à Lyon, luy paye encor un coup quand elle descend à bas pour aller en Espaigne, Provence, Dauphiné, Vivarestz, Languedoc, Savoye, Piedmont et Italie.

L'augmentation aussy de la douanne de Lyon a causé ung mesme mal au commerce auquel la traverse de Bresse, la foreyne de Mascon, la patente et foreine de Languedoc qui sont toutes nouveaultéz (desquelles, en tout cas, les marchandises qui sont amenées ou chargées à Lyon doivent estre exceptées par lesd. privilleiges des foyres) apportent tant de désordre aud. commerce que sy l'on continue de le fouler de tant de costés, en vain tentera-on de le réduire en meilleur forme qu'il n'est à present, au contraire, comme il n'en reste plus que quelques es.incelles du costé de Marseille, elle sera bientost estouffée tout à faict, et ainsy l'une des principales villes de France demeurera ruinée et depeuplée, la frontière la plus importante du royaulme, qui ne se peult conserver qu'avec ung grand nombre d'homes bien affectionnés à la coronne, se verra abandonnée, la source du commerce de ce royaulme qui estoit à Lyon sera tarie, les aultres parties de cest estat en seront grandement atténuées, et la douanne de Lyon tellement diminuée, que ne s'y levant plus que sur ce que les Lyonois en consommeront, le Roy n'en tirera comme rien, et les habitans de lad. ville qui ont d'ordinaire l'espée au costé pour la garde d'icelle, se trouveront de pire condition que tant et tant d'autres villes qui n'ont et ne payent aucune douanne des marchandises qu'elles usent et ne sont subiectes aux gardes et aultres despences qu'il fault faire à Lyon.

Plusieurs edictz et pactes ont aussy beaucoup rapporté à la ruine du negoce de Lyon ; les ungs par leur seule publication, et les aultres par les effectz, comme le conseil en pourra estre plus particulierement informé de visue, voir par ceulx qui auront en court la charge des affaires de la ville.

Comme de mesmes il seroit besoing de regler quelques désordres intervenus par succession de temps en l'exercice de l'office de corretier, parceque plusieurs qui le font se sont emancipés d'estre marchans et commissionnaires, et de mesme ont faict les voicturiers, ce qui cause beaucoup de mal et requiert bien prompte et severe provision.

Sur le quatriesme : Quel moyen il y a d'establir les manufactures qui defaillent à la ville de Lyon ?

Il n'en fault poinct de meilleur que d'y remectre le commerce, car, lorsqu'il estoit florissant, il se faisoit à Lyon, en une sepmaine, plus de manufactures qu'il ne s'en faict à present en tout ung an. La guerre a faict mourir une partie des ouvriers ; la faim en a chassé une aultre partie qui est allée non seulement aux aultres villes du royaulme chercher sa vie, mais, qui est le pis, s'est retiré aux estrangiers pour y establir les manufactures qu'ilz soloient venir querir à Lyon. Et toutesfois il ne fault pas doubter que, sy le concours et affluance du negoce se remectoit à Lyon, les ouvriers y arriveroient de toutes partz, pour la comodité de la vente, pour le bon vivre qu'il y faict, pour la liberté des maistrises des mestiers, et pour l'ancienne reputation de lad. ville qui dure encores et faict souhaiter à tout le monde d'en reveoir les effectz.

Sur le ve, touchant le nombre des ouvriers qui gaignent leur vie en la manufacture des soyes ?

Tout ce que l'on peult dire de certain, est qu'il y a (en blanc) cens m^{res} ouvriers qui font de petitz velours et taffetas plains et quelques petitz sattins rayés ou à lisseton, lesquelz m^{res} peulvent avoir environ dix-huict cens mestiers au lieu de sept mille que l'on y a veu au temps que les estrangiers estoient en la ville en grand nombre, y faisans venir leurs soyes et des ouvriers qui manufacturoient en grande quantité. Il y peult aussy avoir (en blanc) cens passementiers qui vivent assez paouvrement de leur mestier ; (en blanc) teincturiers; (en blanc); moliniers ; (en blanc) plieurs de soye, quelques bailleurs d'eau, remondeurs et plieurs de draps, avec grand nombre de cardeurs, devideurs et devideresses, sy bien [que] par commune estimation l'on tient que de unze à douze mille personnes peulvent vivre de l'art de la soye dedans la ville de Lyon.

Sur le vi^e : Quel moyen il y a d'augmenter lad. manufacture de soye tellement que les subiectz du Roy feissent en cela proffict qui va aux estrangiers ?

Il ne fault pas seulement augmenter ce qui est introduict à Lyon de l'art de la soye, comme l'on fera facilement sy le commerce s'y restablit, ainsy qu'il se veoit par l'exemple du passé, car en l'estat que led. art s'y exerce à present, c'est [trop?] peu de chose, pour penser par ce moyen retenir l'argent en France. Il y fault establir encores de vingt sortes et plus d'ouvrages d'or, d'argent et de soye qui ne le sont point à Lyon, qui sont grandz draps à grandz ramages ou compartimens, et pour ornemens d'esglise, meubles de princes et grandz seigneurs, et habitz d'homes et femmes, comme par exemple les velours turcz, ris, supraris et rissotailles des deux ou troys, quatre et cinq coleurs, à grandes et petites figures, les sattins fasson de prairie, fleurs des Indes, à la turque, en ligature de damas, à ramages, à fleurs et aultres de plusieurs coleurs ; les damas de mesmes, et les taffetas fasson de Turquie à deux faces et figurés, fasson de Millan, brocatels, frises sur frises et aultres estoffes de grand drap.

De toutes lesquelles estoffes qui sont celles qui emportent de France les escus à millions, le feu Roy Henry le Grand, que Dieu absolve, a voullu faire les establissemens à Paris avec une grande despence et curiosité indicible, mais vainement et inutilement, parcequ'il a fallu passer par les mains des ouvriers estrangiers qui ont esté subornés par ceulx de leur pays pour crainte qu'ilz ont de tel establissement.

A Lyon, ung seul, nommé Claude Dangon, natif de lad. ville, ouvrier du Roy, est parvenu en perfection à la fasson de tous lesd. draps et y a desia dressé plus de vingt ouvriers, y employant jusqu'aux petitz enfans de douze et treize ans, qui les font tres bien. Et sy led. establissement ne se faict par le moyen dud. Dangon, il n'en fault que peu esperer, d'ailleurs led. Dangon en peult mieulx que personne faire les ouvertures, car il se faict fort de fournir tous les ans vingt ouvriers sortans de sa boutique, qui fassonneront tres bien chacun d'eulx l'une desd. vingt estoffes, voyre plus grand nombre selon la despence que l'on y vouldra faire, pourveu qu'il luy soit donné moyen d'en soubztenir les fraiz et que son labeur ne luy soit du tout infructueux. A l'ouyr parler, il semble qu'ung fondz annuel bien petit à l'esgard d'ung sy grand ouvrage et d'une sy grande utilité, pourroit suffire à tel establissement.

Le surplus des autres articles de lad. lettre concerne la quantité du plan de meuriers qui peult estre en Lyonnois ; le moyen d'en faire planter davantage et les contrées qui sont propres à cela, depend de l'information que lesd. sieurs trésoriers peulvent sur ce faire de leur office.

Imprimerie D. upeley-Gouverneur, à Nogent-le-Rotrou.